인생은 어떻게 역전되는가?

이옥순의 인도 우화

인생은 어떻게
역전되는가?

푸른숲

　어둔 밤 가로등 밑에서 한 여인이 뭔가 찾고 있었다. 지나가는 남자가 물었다.

"뭘 찾는 건가요?"

"열쇠를 잃어버렸어요."

남자가 다시 물었다.

"어디에서 잃어버렸는데요?"

"글쎄, 아마도 우리 집 안마당일걸요."

"그걸 왜 여기에서 찾아요?"

"집안이 어둑해서 보이지 않네요. 여긴 불빛이 있어 환하거든요."

이 책에는 우리에게 잘 보이지 않는 인도의 '안마당'에 묻힌 삶의 '열쇠'를 모아놓았다. 신화, 우화, 전설, 민화, 인물의 일화로 만든 그 열쇠는 만만치 않은 이 세상에서 살아 남아야 하는 이유와 방법을 알려준다. 구비 전통이 강한 사회에서 오랫동안 전해온 이야기에는 시대를 거치며 더해진 삶의 다채로운 지혜가 가득한 까닭이다.

사람이 따라야 할 바람직한 행동을 말하는 신화는 대개 신과 초인이 중심이지만, 역사적 사건이나 인물에 다양한 색깔의 상상력을 덧칠한 전설은 신이나 왕과 같은 높으신 분과 '힘' 없는 보통 사람이 주인공이다. 늘 "옛날 옛적에⋯⋯"로 말문을 여는 민화는 '먹물이 묻지 않은' 민초들의 좌충우돌하는 삶을 생생하게 드러낸다.

이솝 우화와 달리 동물뿐 아니라 사람도 등장하는 이 우화는 특히 오늘의 세상에 던지는 교훈이 적지 않다. 권력, 지도자, 우정, 어리석음, 탐욕, 만용 등을 냉소적으로 짧은 이야기에 담아낸다. 토끼와 같은 약자가 '코끼리'와 '호랑이'를 이길 수 있는, 약육강식의

법칙을 깨는 '비법'도 알려준다.

　이야기는 주로 남자가 중심이지만 생각보다 행동이 앞서는 남자를 위해 '해결사'로 나오는 현명한 여자도 많다. 그 구원의 여성들은 '아라비안 나이트'의 세헤라자데처럼 어려운 문제를 풀고 수렁에 빠진 '내 남자'를 구한다. 여자 주인공은, 역경을 헤치고 예쁜 여자와 결혼하면 끝나는 남자 주인공의 이야기와 반대로, 결혼하면서 '사건'을 겪는다.

　옛날, 인도에는 직업으로 이야기를 말하는 사람들이 있었다. 그 이야기꾼은 거의 다 사라졌지만 또 다른 이야기꾼들은 오늘도 '옛날'을 전한다.

　"할머니, 옛날이야기 하나만 해주세요."

　잠자리의 아이들은 초롱초롱한 눈으로 어른들의 소매를 잡아당긴다.

　"옛날 옛적에……"

　이야기는, 삶은 그렇게 이어진다.

2000년 겨울, 이옥순

차례

1

2

I

영리한 여자와 권력 있는 남자의 한판 대결

남부 지방의 작은 마을에 첸가파라는 남자가 외아들 아누팜과 함께 살고 있었다. 아들이 성인이 되자 아버지 첸가파는 이웃 마을에 사는 아름다운 처녀 시타를 며느리로 맞아들였다. 시타는 얼굴만 예쁜 것이 아니라 지혜롭고도 영리했다. 시타는 엉덩이까지 내려오는 길고 검은 머리를 늘 곱게 땋아 틀어올리고 있었다. 첸가파는 며느리를 아끼며 언제나 집안의 자랑으로 여겼다.

어느 날, 아누팜은 일자리를 얻기 위해 도시로 떠났다. 그가 떠난 동안 시타는 친정에 다녀왔지만 아누팜에게서는 아무런 소식이 없었다. 시타는 남편을 대신하여 많은 논밭을 가꾸고 가정을 돌보며 시아버지를 잘 받들었다. 힘겨운 일도 언제나 웃는 얼굴로 즐겁게 해냈다.

어느 날 아침, 시타는 집에서 기르는 송아지가 사라진 것을 발견했다.

송아지의 발자국을 따라가보니 그 흔적은 집에서 멀리 떨어진 곳으로 이어졌다. 마침내 송아지가 뛰노는 모습이 시타의 눈에 들어왔다. 시타는 송아지를 잡으려 애썼지만 송아지는 번번이 그녀의 손을 벗어났다. 마침 가진 끈이 없던 시타는 자신의 긴 머리채로 송아지를 묶어 집으로 돌아왔다.

시타가 송아지를 붙잡은 들판은 왕궁에서 아주 가까운 곳이었다. 창가에 서 있던 왕은 시타가 머리채로 송아지를 잡아 묶는 것을 목격했다. 그날 왕은 종일 그녀 생각을 지울 수가 없었다. 그녀의 아름다운 모습이 눈에 어른거렸던 것이다. 왕은 마침내 사람을 시켜서 그녀가 누구인지 알아보도록 지시했다. 왕궁으로 돌아온 신하는 그녀의 이름이 시타이며 농사를 짓는 첸가파의 며느리라는 사실을 보고했다.

다음날 왕은 첸가파를 왕궁으로 불러서 이상한 명령을 내렸다.

"네가 첸가파냐? 자, 내일까지 큰 호박이 담긴, 주둥이가 아주 작은 항아리를 하나 가져오도록 해라. 그러지 않으면 네 며느리를 내게 보내야 한다."

집으로 돌아가는 첸가파의 가슴은 무거웠다. 어깨가 축 처지고 수심이 가득 차 귀가한 시아버지를 본 시타는 영문을 물었다. 첸가파는 왕궁에서 일어난 일의 자초지종을 털어놓았다. 시타는 미소를 지으며 시아버지에게 말했다.

"걱정마세요, 아버님. 제가 알아서 준비할게요."

시타는 곧 들로 나가서 큰 호박을 따가지고 돌아왔다. 그녀는 호박을 들고 마을의 옹기장이를 찾아가서 호박을 둘러싼 항아리를 하나 만들어 달라고 부탁했다. 옹기장이는 밤새도록 정성을 기울여서 호박이 든 항아리를 만들어 시타에게 주었다. 첸가파는 며느리의 영리함에 감탄하며 시타에게서 받은 호박 항아리를 왕궁으로 가져가 왕에게 올렸다.

"전하, 여기 있습니다."

왕은 좁은 목의 항아리에 담긴 큰 호박을 보고 놀랐다. 그 항아리가 영리한 시타의 작품이라고 짐작한 왕은 더욱 그녀를 사모하게 되었다. 그는 첸가파에게 왕궁 뒤편에 펼쳐진 황무지를 가리키며 말문을 열었다.

"이보게 첸가파, 저기 버려진 들판이 보이는가? 저곳에 물이 철철 넘치는 저수지가 있으면 얼마나 좋겠는가. 그대가 내일까지 그걸 만든다면 며느리를 내게 보내지 않아도 될 것이다."

첸가파는 전보다 더욱 슬픈 얼굴로 집에 돌아왔다.

"무슨 일이세요?"

시타는 시아버지에게 까닭을 물었고 왕의 터무니없는 명령을 전해들었다. 이번에도 시타는 첸가파에게 웃는 얼굴로 대답했다.

"걱정마세요, 아버님. 제가 알아서 할 테니까요."

말을 마친 시타는 즉시 일꾼 몇 사람과 마을 사람들을 데리고 왕궁 뒤편의 버려진 들판으로 나갔다.

그녀는 근처 강에서 물을 끌어올 수 있는 작은 운하를 파라고 일꾼들에게 지시하였다. 아침이 되자 들판은 강에서 끌어온 물이 가득 차 저수지가 돼 있었다. 그걸 본 왕은 화가 머리 끝까지 치솟았다.

그는 첸가파를 불러서 호통을 쳤다.

"내일까지 황소의 젖으로 만든 버터를 가져오라. 그러지 못하면 네 며느리는 내 아내가 되어야 한다! 알았느냐?"

첸가파는 우울한 얼굴로 집으로 돌아와 시타에게 사실을 말했다.

왕의 명령을 전해들은 시타도 이번에는 화가 나는 걸 참을 수 없었다. 말도 안 되는 요구를 계속하는 왕에게 뭔가를 가르쳐주겠다고 결심한 시타는 빨래가 든 바구니를 들고 그녀가 새로 만든 저수지에 나가서 빨래를 하기 시작했다. 그 소식을 들은 왕이 저수지에 나와서 그녀에게 말을 걸었다.

"너는 누구냐? 왜 여기서 빨래를 하는 거냐?"

"전하. 제 시아버지가 아이를 낳아서 그 빨래를 하고 있습니다."

시타는 천연덕스럽게 대꾸하며 빨래를 계속했다. 그 말을 들은 왕은 큰소리로 웃었다.

"뭐라구? 이 어리석은 것아! 남자가 어떻게 아이를 낳는단 말이냐? 그런 일은 세상에 있을 수가 없다."

"왜요? 황소한테서 우유와 버터를 얻을 수 있는 세상인데 남자가 아이를 낳지 못할 이유도 없지 않나요?"

시타는 대담하게 왕의 말을 반박했다. 왕은 아무 말이 없었다. 그는 시타의 시아버지에게 황소의 버터를 가져오라고 말한 자신이 부끄러웠다.

기가 막힌 왕은 뒤도 돌아보지 않은 채 곧장 왕궁으로 돌아갔다. 그 후 왕은 두 번 다시 시타에 대해 입을 열지 않았다.

남자는 야생동물이고, 여자는 그 야생동물을 길들이는 사람이다. - 폴리스 바이언

호박이 땅에 열리는 까닭

매사에 불만이 많은 한 남자가 있었다. 호두나무 아래 혼자 앉아서 오후를 보내던 그는 나무 옆에서 자라고 있는 호박넝쿨을 보고 중얼거렸다.

"신이여, 이렇게 큰 나무에 저리도 작은 호두 열매를 맺게 하시고 저리도 연약한 덩굴에는 큰 호박을 열게 하시다니 참 어리석기도 하십니다. 만약 호박을 이 큰 나무에 열게 하고 호두를 저 덩굴에 맺게 하신다면 이제부터 저도 신의 위대함을 믿겠습니다."

그 말이 채 끝나기도 전에 호두 한 알이 남자의 얼

굴에 떨어졌다. 깜짝 놀란 남자는 곧바로 외쳤다.

"오, 신이여. 당신의 생각이 백 번 옳으십니다. 지금 제 얼굴에 호박이 떨어졌다면 저는 즉사했을 테지요. 당신은 정말 위대하십니다."

인간에게는 불행과 빈곤, 때로 질병까지 필요하다. 그런 것이 없다면 오만해지기 때문이다. - 투르게네프

빌려준 돈을 받아내는 확실한 방법

서부 지방에 사는 지주가 어느 날 시장에 우차를 사러 갔다. 마침 가진 돈이 부족했던 그는 시장 부근의 대금업자를 찾아가 5백 루피를 빌려달라고 부탁했다. 그러나 대금업자는 물건을 저당잡지 않고 돈을 빌려줄 수는 없다고 단번에 거절했다. 지주는 지금 맡길 마땅한 물건이 없으니 돈을 빌려주면 곧 갚겠다고 여러 차례 간청했다.

그러나 대금업자의 대답은 한결같이 "그냥은 안 됩니다."였다.

마침내 지주는 가지고 있던 녹슨 칼을 꺼냈다.

"자, 이것을 받고 돈을 빌려주시오. 이 칼은 아주 귀중한 거요. 조상 대대로 내려오는 소중한 물건이라오. 잘 보관하고 있다가 내가 돈을 가지고 오면 그 때 돌려주시오."

대금업자는 녹슨 칼이 쓸모가 없을 것 같아서 다소 꺼렸지만 지주의 말을 믿고 5백 루피를 빌려주었다.

그러나 여러 달이 지나도 지주는 빌린 돈을 갚지 않았다. 원금은커녕 이자도 내지 않았다. 돈을 떼일까 봐 걱정을 거듭하던 대금업자는 돈을 받아낼 멋진 계획을 짰다. 어느 날 그는 이발소를 찾아가서 머리를 잘라 달라고 말하고는 중요한 비밀을 얘기하듯이 낮은 목소리로 이발사에게 말을 걸었다.

"저, 이건 당신한테만 하는 말인데, 이 동네의 지주가 내게 칼을 맡기고 5백 루피를 빌려갔다오. 그런데 지주는 지금까지 단 한푼도 갚지 않았지요. 물론 나도 돈을 갚으라고 하지 않았구요. 왜지 아세요? 글쎄 내가 그만 그 저당잡은 칼을 잃어버렸답니다. 솔직히 말하면 나는 지주가 돈을 가져올까 봐 오히려 겁이 난다구요. 그나저나 이 얘긴 아무한테도 하지 마세요. 알았죠?"

대금업자가 돌아가자마자 이발사는 한걸음에 지주에게 달려가 방금 대금업자로부터 들은 이야기를 전했다. 이발사의 말을 들은 지주는 기쁘기 그지없었다. 이제 원금과 이자를 갚지 않아도 될 좋은 구실이 생긴 셈이었다. 그는 즉시 금고에서 5백 루피와 이자를 꺼내 가지고 대금업자를 찾아갔다.

"자, 여기 돈을 가져왔소. 이걸 받고 그때 맡긴 내 칼을 돌려주시오."

대금업자는 웃음을 간신히 삼키고는 어두운 표정으로 대답했다.

"저, 그런데 어쩌지요? 제가 저당한 칼을 그만 잃어버렸지 뭡니까? 어떻게 해야 할지 모르겠습니다."

그 말을 들은 지주는 짐짓 화가 난 듯이 목소리를 높였다.

"뭐라구? 그걸 잃어버렸다구요? 조상 대대로 내려온 그 귀중한 칼을 잃어버렸단 말이오? 자, 여기 돈을 가져왔으니 어서 내 칼을 돌려주시오. 들어가서 다시 한 번 찾아보라구요."

칼이 없을 것이라고 확신한 지주는 대금업자를 거칠게 몰아세웠다.

"그러면 어디 다시 한 번 찾아보긴 하겠습니다만."

대금업자는 못 이기는 척하고 안으로 들어가서 감춰두었던 녹슨 칼을 들고 나왔다. 지주는 대금업자가 가져온 칼을 보고 눈을 휘둥그레 떴다.

그건 분명히 자기가 맡긴 그 칼이었다. 뾰족한 방법이 없는 지주는 돈을 갚은 뒤 쓸모 없는 녹슨 칼을 받아가지고 돌아갔다. 돈다발을 받아든 대금업자는 지주의 뒷모습을 보며 빙그레 웃었다.

인간은 가장 영리하지만 또 가장 미련한 동물이다.
- 디오게네스

적과의 동침

커다란 보리수에 족제비 류의 몽구스, 고양이, 생
쥐와 올빼미가 살고 있었다. 몽구스와 생쥐는 나무
뿌리에 있는 각기 다른 구멍에 살았고, 고양이는 나
무 둥치에 난 큰 구멍에, 올빼미는 다른 동물이 접근
하기 어려운 나무 맨 꼭대기에 보금자리를 두고 있
었다.

그들은 한 나무에 살았지만 결코 친구는 아니었
다. 생쥐는 몽구스, 고양이, 올빼미 모두에게 잡아먹
히는 존재였고, 그 반대로 고양이는 나머지 동물을
다 잡아먹을 수 있는 강자였다. 생쥐와 몽구스, 올빼

미는 고양이가 무서워서 밤에만 먹을 것을 구하러 다녔다. 그들은 언제나 고양이에게 들키지 않으려고 신중하게 움직였다. 그러나 두려울 것이 없는 고양이는 낮이나 밤이나 귀리밭을 돌아다니면서 먹이를 잡으려고 혈안이었다.

어느 날, 지나가던 사냥꾼이 귀리밭에 난 고양이 발자국을 보았다. 그는 고양이를 잡으려고 올가미를 만들어서 풀숲에 놓고 떠났다. 그날 밤 생쥐를 잡으려고 귀리밭을 맴돌던 고양이가 그만 사냥꾼의 올가미에 걸려들었다. 그때 먹을 것을 구하려고 귀리밭에 나왔던 생쥐가 올가미에 걸린 고양이를 보았다. 생쥐는 늘 무서워하던 고양이의 처량한 모습을 보고 뛸 듯이 기뻐했다.

그런데 귀리밭으로 발을 옮기던 생쥐는 앞에서 몽구스와 올빼미가 다가오는 걸 보았다. 생쥐에겐 그들도 무서운 존재였다. 가까이 온 몽구스와 올빼미는 자기들이 무서워하는 고양이가 올가미에 걸린 것을 보자 이번에야말로 반드시 생쥐를 잡겠다는 의지를 단단히 드러냈다. 앞이 캄캄해진 생쥐는 어찌해야 할지 난감했다. 그래도 생쥐는 재빨리 머리를 굴렸다.

'내가 만약 올빼미와 몽구스가 무서워하는 고양이에게로 도망간다면 비록 올가미에 걸렸을지라도 고양이는 나를 죽일 수 있을 거야. 그러나 그렇다고 고양이에게서 멀리 떨어진다면 올빼미와 몽구스가 나를 잡아먹을 게 분명해. 아, 온통 적들뿐인데 이제 어떻게 해야 하지? 그래, 고양이에게 도움을 청하자. 그는 지금 어려움에 빠져 있고, 나를 보호해주는 대신에 내가 올가미를 갉아서 그를 살려줄 수도 있으니까.'

마음을 정한 생쥐는 고양이에게 다가가서 부드러운 소리로 말을 걸었다.

"저, 고양이님. 이렇게 잡혀서 아주 유감입니다. 내 당신의 이웃으로서 그 올가미를 쏠아드리겠어요. 사람들은 원수를 사랑하라고 하더군요. 그러나 당신이 어떤 생각을 하는지 알 수가 없으니 당신을 믿을 수가 없답니다."

생쥐의 말을 들은 고양이는 기쁜 소리로 대답했

다.

"네가 내 목숨을 구해준다면, 오늘부터 너와 나는 친구가 되는 거야."

그 말을 들은 생쥐는 고양이 옆으로 바짝 다가섰다. 그 모양을 본 올빼미와 몽구스는 생쥐에게 달려들지 못하고 다른 곳으로 걸음을 옮겼다.

그러자 고양이는 말했다.

"이봐, 이제 새벽이 얼마 남지 않았어. 빨리 이 올가미를 쏠아서 나를 풀어주게나. 곧 사냥꾼이 올 거야."

생쥐는 한 눈으로 사냥꾼이 오는지를 살피면서 아주 천천히 올가미를 갉았다. 마치 그 일이 아주 오래 걸린다는 듯이, 올가미를 씹는 걸 잠시도 멈추지 않았다. 그동안 날은 밝았고 저멀리 사냥꾼의 모습이 나타났다. 그걸 본 고양이는 생쥐에게 '서두르라'고 애원을 했고 생쥐는 그제야 올가미의 마지막 자락을 잘랐다. 고양이는 올가미가 풀리자 단숨에 도망가버렸다.

고양이 덕분에 몽구스와 올빼미로부터 생명의 위

협에서 벗어난 생쥐도 부지런히 나무 밑의 쥐구멍으로 돌아왔다. 얼마 후 고양이가 찾아왔지만 생쥐는 밖을 내다보지도 않고 큰소리로 대꾸했다.

"특별한 경우, 적도 때로는 친구가 되지요. 그러나 그것이 영원히 지속될 수는 없는 거예요!"

영원한 우정은 없다. 그저 영원한 이해관계만 있을 뿐.-파머스턴

대머리가 되는 법

남부 지방에 사는 한 중년 남자가 본처를 두고 젊은 첩을 들였다.

그러나 두 여자가 날마다 싸움만 하자 남자는 다른 곳에 살림을 내어 애첩을 따로 살게 했다. 남자는 오랜 싸움과 설득 끝에 하루씩 번갈아가며 본처와 애첩의 집에서 머물기로 여자들의 동의를 받아냈다.

젊은 애첩은 남자를 젊어 보이게 만들기 위해 그가 올 때마다 이런저런 핑계를 대어 그의 흰 머리카락을 뽑기 시작했다. 나이 든 본처는 하루 건너 찾아오는 남편이 젊어 보이는 것이 속상했다. 그래서 자기처럼 나이가 들어 보이라고 몰래 남편의 검은 머리카락을 하나씩 뽑았다.

얼마 후 남자는 대머리가 되었다.

〈홈, 스위트 홈〉이라는 노래는 분명히 독신자가 썼을 것이다!-버틀러

돼지에게는 돼지의 삶이 있다

한 성자가 명상을 하다가 섬광처럼 자신의 내세를 목격했다. 그는 곧 아끼는 제자를 불러놓고 이렇게 물었다.

"나는 오랫동안 최선을 다해 너를 가르쳤다. 자, 무엇으로 내게 보답할 생각이냐?"

영문을 모르는 제자는 고개를 숙이며 대답했다.

"스승님의 말씀이라면 뭐든지 하겠습니다."

제자의 다짐을 받은 성자는 다시 말문을 열었다.

"조금 전, 내가 곧 죽을 것이며 돼지로 다시 태어날 것이라는 계시를 받았다. 저 마당에서 쓰레기를 먹는 돼지가 보이지? 저 돼지가 다음번 새끼를 낳을 때 내가 그 네 번째 새끼로 태어날 것이다. 이마 위에 난 표시로 나를 금세 알아볼 수 있을 것이니 그 새끼돼지가 세상에 나오면 날카로운 칼로 죽여버리거라. 그렇게 되면 내가 돼지로 살지 않아도 되지 않느냐? 어때, 나를 도와주겠지?"

제자는 몹시 슬펐지만 스승의 말을 따르기로 약속했다.

얼마 후, 성자는 죽고 돼지가 새끼를 낳았다. 스승의 말대로 네 번째로 태어난 새끼돼지의 이마에 표시가 나 있었다. 며칠 후 제자는 칼을 잘 간 후에 돼지를 붙잡아서 죽이려고 했다. 그가 돼지의 목을 찌르려는 순간, 새끼돼지가 갑자기 소리를 질렀다.

"잠깐, 그만두게나. 날 죽이지 마!"

너무 놀라 정신을 잃을 지경인 제자에게 새끼돼지가 말을 이었다.

"나를 죽이지 말게. 돼지로 살고 싶어. 날 죽여 달라고 부탁할 때는 돼지의 삶이 어떤지 알지 못했지. 하지만 막상 돼지가 되고 보니 그런대로 괜찮군. 날 그냥 돼지로 살도록 내버려두게나."

내세는 알 수 없다. 죽기 전에는 누구도 행복하다고
말하지 마라. -아이스킬로스

운명도 바꾸는 지혜

일이 별로 없는 염라대왕은 아주 심심했다. 어둡고 우울한 그의 왕국은 더 이상 마음에 차지 않았고, 지루한 생활에 짜증이 났다.

친구도 한 명 없었고, 눈에 뜨이는 것은 저승사자들뿐이었다. 비록 죽음의 신일지언정 염라대왕은 삶을 즐기고 싶었고 변화를 열망했다.

어느 날 염라대왕은 이승을 내려다보았다. 그곳은 햇살이 환하게 비치는 밝은 세상이었다. 마침 봄을 맞은 이승은 꽃이 만발하여 아름다운 원색으로 뒤덮여 있었고 오가는 사람들은 모두 행복한 듯이 보였다. 그 가운데 어여쁜 한 여인이 염라대왕의 눈에 들어왔다. 그녀는 덩치가 큰 어떤 남자와 싸우고 있었는데 그녀가 굴복하지 않자 결국 남자가 '졌다'고 말하고 도망치는 중이었다.

"그래, 저 여인이야말로 내가 바라던 이상형이야."

염라대왕은 혼잣말로 중얼거렸다.

"저 여자가 마음에 들어. 내 아내로 만들어야지."

그러나 염라대왕은 어떻게 그 여자를 얻을 수 있을지 적당한 방법을 알지 못했다. 저승사자를 보내 그녀를 데려오면 여자는 죽어서 도착할 것이 분명했다. 유일한 방법은 그가 인간이 되어 이승으로 내려가서 그녀와 결혼하는 것이었다.

염라대왕은 끔찍한 죽음의 신이 아닌, 잘생긴 젊은 남자의 모습으로 변신하여 이승으로 내려왔다. 그는 원하던 그 여자를 찾았고 결국 결혼에 성공했다. 염라대왕과 라타는 서로 사랑했고 여러 해 동안 행복하게 살았다. 그러는 사이에 둘 사이에는 아들이 태어났다. 라타는 아이를 헌신적으로 돌보았지만 남편에게는 점차 소홀해졌다. 자신과 아이에게 필요한 것을 남편에게 요구하는 일도 빈번해졌다. 염라대왕은 아내가 요구하는 것을 들어주기 위해 최선을 다했지만 라타는 늘 불만이 가득했다. 라타는 염라대왕에게 바가지를 긁기 시작했고, 그가 자신을 더이상 돌보지 않는다고 불평을 늘어놓았다.

시간이 갈수록 그녀의 바가지는 심해졌고 사정은 더욱 나빠졌다. 생활비는 갈수록 늘어나는데 땅과 재산에서 나오는 수입은 적었다. 부자가 되어 안락하게 살고 싶어하는 라타의 기대에 부응하고자 염라대왕은 의술을 베풀기 시작했다. 여러 가지 약을 만들어 아픈 사람에게 돈을 받고 팔았다. 머지 않아 그의 실력은 널리 알려졌고 돈도 벌었다. 그러나 라타는 예전과 달라지지 않았다. 오히려 그녀의 바가지는 더욱 심해져 갔다.

염라대왕은 아내의 목소리만 듣고도 도망치거나 숨을 정도로 그녀를 무서워하게 되었다.

마침내 어둡고 우울한 저승이 아내가 있는 이승보다 낫다고 여긴 염라대왕은 어느날 갑자기 이승에서 자취를 감추고 말았다. 염라대왕의 모습이 보이지 않아도 라타는 조금도 걱정하지 않았다. 아들을 돌보느라 바빴기 때문이었다. 라타가 너무 애지중지 기르는 바람에 아들은 버릇없는 아이로 자랐다. 야마쿠마르(염라대왕의 아들)라고 불린 아들은 게으르고 주의가 산만했으며 쓸모 없는 젊은이였다.

마침내 라타에게 죽음이 찾아왔고, 야마쿠마르는 세상에 홀로 남겨졌다.

일을 하거나 돈 버는 법을 전혀 배우지 못한 그는 어느 날 문득 옛날 아버지의 직업을 기억해냈다. 집 안을 뒤져서 아버지가 만든 약을 찾아낸 그는 그 약을 팔아서 생계를 이어갔다. 그는 종종 아버지를 떠올리곤, 아버지가 갑자기 어디로 사라졌는지 궁금해했다. 그러던 어느 날 밤, 그는 꿈에서 아버지를 만났다.

"내 아들아, 계속 의사로 살도록 해라. 좋은 벌이가 될 거야. 그러나 내 충고를 잊지 말거라, 환자를 보러 갈 때마다 먼저 그 환자의 머리맡을 보려무나. 거기에서 나를 보게 되면 그 환자를 절대 맡지 말거라. 너도 알다시피 그는 곧 죽을 것이니까. 물론 내

모습은 오직 네 눈에만 보일 거다. 만약 환자 머리맡에 내가 보이지 않으면 환자를 치료하거라. 환자는 곧 회복될 것이다."

야마쿠마르는 벌떡 일어났다. 이상한 꿈이었지만 어쩐지 믿음이 갔다.

그는 꿈에서 아버지가 말한 대로 따랐다. 의사가 된 야마쿠마르는 여러 가지 재료를 써서 온갖 약을 제조하고 질병을 치료했다. 그러나 늘 환자의 머리맡을 살피는 걸 잊지 않았다. 머리맡에 아버지가 앉아 있지 않을 때만 환자를 치료했기 때문에 사람들은 그가 치료한 환자는 반드시 완쾌된다고 믿었다. 그가 치료를 거부하는 환자는 살아날 희망이 없다는 걸 의미했다.

어느 날, 왕의 외동딸인 아리따운 공주가 깊은 병에 걸렸다. 궁중 의사들은 최선을 다했으나 공주를 고치지는 못했다. 전국에서 용하다고 소문난 의사는 다 모였지만 공주의 병은 차도가 없었다. 왕은 사랑하는 딸이 죽을지도 모른다는 사실에 깊이 절망했다. 그때 누군가 야마쿠마르의 이름을 왕에게 일러주었다. 왕은 즉시 사람을 보내서 그를 왕궁으로 불렀다.

환자를 보려고 방으로 들어간 야마쿠마르는 먼저 공주의 머리맡을 훔쳐보았다. 그러자 그곳에 아버지가 앉아 있었다. 야마쿠마르는 모든 사람을 나가게 한 후에 아버지에게 말했다.

"아버지, 이건 제 인생에서 절호의 기회입니다. 공주를 치료하면 나는 부자가 되고 유명해집니다. 여기를 떠나서 저를 도와주십시오. 제발 환자를 혼자 놔두세요."

아버지는 고개를 저었다.

"아들아, 그건 안 된다. 다른 것을 요구하려무나. 나는 공주를 데려가야만 한단다. 너도 나도 운명을 바꿀 수는 없는 게야."

아들은 공주의 목숨을 구하게 해달라고 아버지에게 간청했지만 그는 아들의 부탁을 들어주지 않았다. 아들이 여러 차례 간곡하게 사정하자 마침내 염라대왕은 공주가 사흘을 더 살 수 있도록 허락해주겠다고 말하고는 어디론가 사라졌다.

야마쿠마르는 아주 슬펐다. 그는 왕에게 공주의 병세가 아주 심각하다고 말하고 사흘 후에 상태가 좋아지면 분명한 말씀을 드리겠노라고 약속했다. 그리고 그동안 공주 곁에 머물면서 정성을 다해 치료할 것이라고 덧붙였다. 야마쿠마르는 침대 곁에 앉아서 공주를 지켜보았다. 공주의 병세는 점점 악화되어서 움직일 수도 없고 눈도 뜨지 못할 정도였다. 그가 할 수 있는 일이란 아무것도 없었다. 그저 아버지가 다시 오기를 기다리고 있을 뿐이었다.

3일이 지나고 염라대왕이 나타났다. 아버지는 연민이 가득한 눈으로 아들을 바라보았다.

"아들아, 도와줄 수 없어서 정말 안됐구나."

야마쿠마르는 아버지를 쳐다보며 생각에 잠겼다.

'어떻게 하면 공주의 목숨을 살릴 수 있을 것인가.'

그때 갑자기 좋은 생각이 머리를 스치고 지나갔다. 아들은 주위를 돌아보더니 말했다.

"어머니, 왜 이렇게 늦으셨어요? 어서 오세요. 아버지가 와 계시거든요."

그 말을 들은 염라대왕의 얼굴이 금방 창백해지더니 두려운 표정이 역력하게 드러났다. 그러고는 더이상 지체하지 않고 재빠르게 그 자리를 떠났다. 운명도 좋지만 36계 줄행랑이 최선이라고 여긴 염라대왕은 이승을 떠나서 저승으로 돌아갔다.

염라대왕이 떠나자 공주가 눈을 떴다. 야마쿠마르는 자신이 아버지를 이겼다는 사실을 깨달았다. 겁을 먹은 아버지는 다시 나타나지 않을 게 분명했다. 공주는 이제 죽음의 신에게서 벗어난 것이었다. 그는 약을 지어서 공주에게 먹이고 왕에게 공주가 곧 좋아질 것이라는 전갈을 보냈다. 공주는 빠른 회복세를 보이더니 이윽고 완쾌되었다. 공주의 회복에 기쁜 마음을 감추지 못한 왕은 야마쿠마르와 공주를 결혼시키기로 결정했다.

모든 문제에는 해답이 있다. 풀 수 있는 매듭은 절대 자르지 마라.-주베르

"아버지, 저를 쥐로 바꿔주세요."

갠지스 강가에 한 성자가 살았다. 어느 날, 그가 강가에서 명상을 하고 있는데, 손에 무언가 따뜻한 물체가 떨어졌다. 눈을 떠보니 작은 생쥐 한 마리가 바들바들 떨고 있었다. 공중에서 빙빙 돌던 솔개가 실수로 떨어뜨린 모양이었다. 성자는 생쥐를 어여삐 여겨 예쁜 여자아이로 둔갑시켜서 집으로 데려갔다.

성자의 딸로 무럭무럭 자란 아이는 어느새 시집갈 나이가 되었다. 성자의 아내는 사윗감을 구해오라고 날마다 보챘다. 성자는 딸에게 최고의 신랑감을 구해주겠노라고 약속했다. 그는 태양의 신을 불렀다.

"내 그대를 사위로 삼으려 하오."

그러나 태양의 신을 본 딸이 대답했다.

"아버지, 너무 뚱뚱하고 얼굴이 빨개서 싫어요. 더 좋은 신랑을 구해주세요."

성자는 태양의 신에게 더 나은 신랑감을 추천해 달라고 부탁했다.

"구름이 나보다 강할 거요. 적어도 구름은 내 빛을 가리니까."

성자는 구름의 신을 불러서 딸에게 선보였다.

"구름은 너무 침울해 보여요. 다른 신랑을 찾아주세요, 아버지."

딸은 이번에도 거절했다. 성자는 구름의 신에게 더 나은 신랑감을 말해보라고 했다.

"산이 나보다 낫지요. 내 앞길을 막으니까요."

성자는 산을 불렀다. 그러나 딸은 산의 모습을 보자마자 소리를 질렀다.

"아버지, 산의 몸집이 너무 크고 이상해요. 전 싫어요. 부디 다른 신랑을 구해주세요."

성자는 지치고 짜증이 났지만 사랑하는 딸을 위해

산에게 물었다.

"그대보다 나은 신랑감을 아시오?"

산이 대답했다.

"쥐는 내 몸뚱이에 구멍을 낼 수 있지요. 그걸 보면 나보다 강한지도 몰라요."

성자는 딸에게 선을 보이려고 쥐를 불렀다. 쥐를 본 딸은 탄성을 질렀다.

"아버지, 이분이 바로 제 신랑이에요. 저를 쥐로 바꿔주세요."

성자는 딸의 부탁을 들어주었다. 쥐로 변한 딸이 쥐 신랑과 함께 정글로 사라지자 성자는 미소를 지으며 집으로 발길을 돌렸다.

"그래, 본성은 속일 수 없는 법이야."

콩 심은 데 콩 나고 팥 심은 데 팥 난다.-한국 속담

때로는 36계 줄행랑이 최고

작은 연못에 물고기 두 마리와 개구리 한 마리가 친하게 지내며 살고 있었다. 세 친구는 아침부터 모여 즐거운 이야기를 나누고, 장난을 치면서 하루를 보내다가 저녁이 되어서야 각자의 집으로 가곤 했다.

여름날 해질 무렵의 일이었다. 그때도 세 친구가 재미있게 놀고 있는데, 마침 물고기가 가득 담긴 양동이와 어망 몇 개를 손에 든 어부들이 그 옆을 지나가게 되었다.

한 어부가 연못을 한번 훑어보더니 일행에게 말했

다.

"여보게들, 이 연못에 고기가 아주 많은 것 같아. 물도 그다지 깊어 보이지 않는구먼. 우리 내일 아침에 여기 와서 고기를 잡아보는 게 어떻겠나?"

"그래? 그럼 그러세나."

어부들이 고개를 끄덕이며 길 저편으로 사라졌다. 그 말을 엿들은 물고기들과 개구리의 표정이 갑자기 어두워졌다. 그들은 앞날에 대해 의견을 나누기 시작했다.

개구리가 먼저 입을 열었다.

"애들아, 어부가 한 말 들었어? 이제 어떻게 하지? 너희들은 도망갈 거니, 여기 머무를 거니? 말해 봐."

겁 먹은 개구리의 말을 듣고 작은 물고기가 크게 웃었다.

"놀라지 말아. 개구리, 너 겁에 질렸구나. 겨우 그런 말을 듣고 그렇게 긴장할 건 없다구. 아마 어부들은 내일 오지도 않을걸. 설사 온다고 해도 약삭빠른 우리들은 얼마든지 도망칠 수 있을 거야. 나는 물 속에서 빨리 움직이는 수만 가지 재주를 알고 있거든."

큰 물고기가 그 말에 맞장구를 쳤다.

"맞아. 너는 아주 영리하고 약삭빠르지. 어부들이 몇 마디 떠들었다고 해서 조상이 물려준 우리의 고향을 버릴 수는 없어. 이곳을 떠날 이유는 하나도 없다구. 우리는 그냥 이 연못에 남는 거야. 야, 개구리. 우리가 너를 지켜줄 테니 조금도 걱정하지 말아. 알았지?"

"이봐, 물고기 친구들."

물고기의 말을 듣고 있던 개구리가 대꾸했다.

"너희가 알다시피 내겐 그저 한 가지 재주밖에 없어. 36계 줄행랑을 치는 거지. 나는 당장 가족을 데리고 다른 연못으로 이사가겠어. 잘 있게나, 친구들. 부디 행운을 비네."

그날 밤, 개구리는 가족을 데리고 연못을 떠났다.

날이 새자, 어부들이 크고 작고 넓고 좁은 온갖 어망들을 가지고 나타나 물고기, 거북이, 개구리, 게 등 연못에 사는 생물들을 전부 잡아들이기 시작했다. 두 마리의 물고기는 '전문가'답게 가족을 데리고 잽싸게 도망다녔지만 결국은 붙잡히고야 말았다.

고기를 많이 잡아 한껏 신이 난 어부들은 한낮의 땡볕을 이고 집으로 돌아갔다. 어부가 손에 든, 물고기들이 수북이 담긴 양동이 맨 위에는 큰 물고기가, 머리에 인 광주리 위에는 작은 물고기가 얹혀 있었다.

우물가에서 그 광경을 바라보던 개구리는 아내를 돌아보며 말했다.

"여보, 저 물고기들을 보시오. 그들은 수만 가지 재주를 가졌지만 결국은 저렇게 되었구려. 그러나 도망치는 재주밖에 없는 나는 이렇게 살아서 잘 놀고 있지 않소?"

자신의 능력을 과신하는 것은 어리석다. 불리하면 삼십육계(三十六計) 주위상계(走爲上計)로다.-《자치통감》

2루피짜리 고행

한 성자가 갠지스 강가에서 명상을 하고 있었다. 강 건너편에서 그 모습을 본 다른 성자는 오랜 수행 끝에 얻은 자신의 초능력을 그 성자에게 과시하고 싶어졌다. 그는 강물 위를 가로질러 조용히 명상 중인 성자에게 다가갔다.

"지금 제가 뭘 했는지 보셨나요?"

"그럼요. 강물 위로 걸어오시더군요. 어디에서 그걸 배우셨지요?"

"히말라야 산자락에서 12년 동안 요가와 고행을 했답니다. 한 쪽 다리로 선 채 일주일에 엿새를 굶으면서 노력한 결과죠."

그는 어깨를 으쓱했다.

"그게 정말이오?"

명상하던 성자가 강 위를 가로질러 온 그를 올려다보며 말했다.

"저런, 그걸 배우기 위해서 그렇게 고생을 했나요? 단 2루피(60원)만 주면 언제나 뱃사공이 나룻배로 강을 건네주는데요."

남에게 보이기 위한 행복은 진짜 행복이 아니다. 그것은 어리석은 자의 장식품에 지나지 않는다.–라 로슈코프

돈이냐, 아들이냐

어느 마을에 하리라는 브라만이 농사를 지으며 살
고 있었다. 땡볕 아래서 열심히 농사를 지었지만 가
진 땅이 적었던 그는 늘 가난을 벗어나지 못했다. 더
운 여름날, 밭에서 일을 하던 하리는 뜨거운 햇볕을
피해 나무 그늘에서 잠시 쉬다가 개미탑에서 머리를
곧추세우고 있는 독사 한 마리를 보았다. 그는 생각
에 잠겼다.

'저 독사는 이 밭의 수호신인지도 몰라. 지금까지
수호신에게 제사를 드린 적이 한 번도 없었지. 어쩌
면 그래서 농사가 번번이 실패하고 돈도 벌지 못한

건지도 몰라. 오늘은 수호신에게 꼭 기도를 드려야지.'

그렇게 결심한 하리는 이웃집에 가서 우유를 조금 얻어다가 오지그릇에 담은 후 개미탑에 놓고 기도를 올렸다.

"밭의 수호신이여, 그동안 저는 당신이 이곳에 사는지도 몰랐답니다. 그래서 기도를 드리지 못한 겁니다. 부디 저를 용서하시고 이걸 드십시오."

기도를 마친 하리는 만족한 표정으로 집으로 돌아갔다.

다음날, 하리가 그곳에 다시 가보니 오지그릇에 금화 한 닢이 담겨 있었다. 하리는 그걸 얼른 품에 넣었다. 뱀신이 그의 선물에 보답한 것이라고 여긴 그는 매일 뱀에게 우유 한 그릇을 바쳤다. 아침이면 그릇에 금화가 한 닢 담겨 있었고 하리는 기쁘게 그걸 집어들었다.

어느 날, 하리는 아들에게 우유를 갖다 바치라고 이르고는 볼일을 보러 다른 마을로 떠났다. 하리의 아들은 아버지가 시킨 대로 우유가 든 그릇을 개미탑에 놓고 집으로 돌아갔다. 그리고 다음날 그곳에 다시 가보니 오지그릇에 금화가 한 닢 들어 있었다. 그걸 본 아들은 생각했다.

"이 개미탑에는 수많은 금화가 묻혀 있는 모양이야. 저 뱀을 죽이고 그걸 단번에 다 가져야지."

다음날 우유를 가져간 아들은 뱀이 우유를 먹는 동안 막대기로 뱀의 머리를 후려쳤다. 그러나 신의 뜻인지 뱀은 죽지 않았고, 오히려 뱀이 내뿜은 독 때문에 하리의 아들이 그 자리에서 죽었다. 그가 죽었다는 소식을 들은 이웃과 친척들이 땔나무를 구해 아들을 개미탑에서 멀지 않은 장소에서 화장하였다.

다음날 집에 돌아온 하리는 아들의 갑작스런 죽음과 그 이유를 전해들었다. 하지만 그는 아들의 죽음을 보고도 슬퍼하지 않았고, 예전처럼 우유를 담은 오지그릇을 들고 개미탑을 찾아가 큰소리로 빌었다.

"수호신이여! 제 아들을 부디 용서하세요."

뱀은 고개를 들고 한동안 브라만 하리의 얼굴을 바라보더니 마침내 입을 열었다.

"너는 아들의 죽음을 슬퍼하는 대신 금화에 대한

욕심 때문에 이곳에 왔구나. 내가 네 아들을 죽였다는 사실을 잊었단 말인가. 이제 너와 나의 우정은 돌이킬 수가 없다. 네 아들이 막대기로 나를 후려쳤기 때문에 내가 그를 죽였으니 어떻게 내가 그 막대기를 잊을 수 있겠으며, 너는 어찌 네 아들의 죽음을 잊을 수 있겠느냐? 이제 모든 건 끝났다."

브라만의 오지그릇에 값진 다이아몬드를 한 개 올려놓으면서 뱀은 말을 덧붙였다.

"앞으로 다시는 이곳에 오지 말거라. 나는 네가 진정으로 나를 숭배하는 줄 알았는데 그게 아니었어. 이것이 내 마지막 선물이다."

말을 마친 뱀은 스르르 개미탑 속으로 사라졌다. 다이아몬드를 품에 안고 집으로 향하면서 하리는 그제야 죽은 아들의 어리석음을 한탄하였다.

논밭은 잡초에 의해 손상되고, 사람은 탐욕에 의해 손상된다.-《법구경》

달나라에서 파견된 토끼

옛날 어느 산악 지방에 오랫동안 비가 내리지 않아서 모든 것이 바싹 말라버렸다. 몬순이 되었지만 빗방울은커녕 하늘에는 구름 한 조각 떠 있지 않다. 그렇게 또 몇 년이 지나갔다. 그곳에 살던 코끼리들이 가뭄에 목이 타서 견디기 어렵게 되자 지도자를 찾아가 하소연을 했다.

"지도자님, 우리는 이제 더 이상 살 가망이 없습니다. 어린 것들은 물과 먹을 것이 없어서 가죽만 앙상하고 일부는 이미 죽었답니다. 이곳에는 작은 생물이나 의지해서 살 수 있을 손바닥만한 웅덩이 하나

뿐이니 어떡해야 합니까? 우리 모두 오랫동안 목욕을 하지 못해서 거의 죽을 지경입니다. 이제 어디로든 가야 하지 않을까요?"

그 말을 들은 코끼리 지도자는 책임감을 느껴 물을 찾아서 여기저기를 헤매다녔고, 마침내 멀지 않은 곳에서 물이 가득한 호수를 발견했다.

지도자의 안내로 호수를 찾은 코끼리들은 마른 목을 축이고 신이 나서 목욕을 하며 뒹굴었다. 코끼리들은 뜨거운 한낮을 피해 매일 밤 고개를 넘어 호수를 찾았다.

그러나 코끼리들의 행복은 그곳에 사는 토끼들의 불행이었다. 코끼리들이 호수를 찾아와 즐거운 시간을 보내는 날이 늘어갈수록 그 호숫가에 살던 토끼들은 '사느냐, 죽느냐'로 고민했다. 떼를 지어 이동하는 거대한 코끼리들의 발에 밟혀서 많은 토끼들이 다리가 부러지는 등 부상을 당하거나 죽었고, 그들의 집이 엉망이 되었다.

걱정이 태산인 토끼들은 어느 날 비상 총회를 열고 그 문제를 심각하게 논의했다.

"가뭄이 계속되기 때문에 목이 마른 코끼리들은 매일 이 호수를 찾아올 것이 분명하고 우리 족속은 그 발에 밟혀서 결국은 모두 죽고 말 것이다. 우린 어떻게 해야 하는가? 좋은 방법은 없는 걸까?"

모든 토끼들은 좋은 해결안을 짜내느라고 귀를 쫑긋거리며 전전긍긍했다.

그때 구석에 앉은 가장 나이 많은 할아버지 토끼가 자리에서 일어서며 말했다.

"모두 절망하지 말거라. 내가 코끼리들이 다시는 이곳에 찾아오지 못하도록 처리할 테니까."

그렇게 당당하게 말한 할아버지 토끼는 즉시 코끼리떼가 사는 곳으로 길을 떠났다.

그는 길을 걸으면서 어떻게 할 것인가를 궁리했다.

"코끼리들을 만나면 뭐라고 말을 걸까? 코끼리의 몸에 닿기만 해도 죽는다고 하던데……. 뱀은 냄새로 상대를 죽이고 왕은 미소로 사람을 죽일 수 있으며 악당은 인사를 하면서도 칼을 휘두른다지 않던가. 어쩐다? 그래, 언덕에 올라서서 코끼리의 지도자에게 말을 해야지."

언덕에 올라선 할아버지 토끼를 보고 코끼리 지도자가 놀라서 물었다.

"대체 너는 누구냐? 어디서, 어떻게, 왜 이곳에 왔는가?"

"나는 달나라에서 파견한 대사이다." 토끼는 힘껏 소리를 질렀다.

"달나라에서 온 대사라고? 그렇다면 이곳을 찾아온 이유를 말하라."

코끼리의 재촉을 받은 할아버지 토끼는 엄숙한 목소리로 말을 이었다.

"자, 듣거라. 가장 힘이 센 코끼리들이여. 달의 대사인 나는 절대로 거짓말을 하지 않는다. 그 목숨이 신성하기 때문에 언제나 진실만을 말하는 것이다. 달의 명령을 그대들에게 전하노라! 달의 신이 말씀하시길 너희들은 달의 호수를 지키는 토끼들을 놀라게 하고 상처를 주는 큰 잘못을 저질렀다. 그 호수를 지키는 토끼들은 모두 내 백성이다. 사람들이 '달나라의 토끼'라고 부르는 것은 그 때문이다! 달의 신을 노하게 하지 않으려면 다시는 호수에 가지 말거라."

할아버지 토끼의 전갈을 들은 덩치 큰 코끼리들은 모두 깜짝 놀란 표정이었다. 코끼리 지도자는 변명하듯이 대꾸했다.

"그건 우리가 무지해서 저지른 행동이오. 우린 그런 줄 정말 몰랐거든요. 이제 다시는 그 호수에 가지 않을 겁니다. 우리 모두 굳게 약속합니다."

코끼리 지도자는 거듭 다짐했다.

"그렇다면, 화가 잔뜩 난 달님이 마침 지금 호수에 머물고 있으니 당신이 찾아가서 직접 절을 올리고 용서를 구하는 것이 좋을 듯하오."

토끼는 밤이 오기를 기다려서 코끼리 지도자를 호수로 데려갔다. 코끼리 지도자는 토끼가 시키는 대로 호수에 비친 달을 향해서 큰절을 올리고 코끼리들의 잘못을 용서해 달라고 빌었다.

"오, 위대하신 달이여! 저 코끼리들이 무지하여 그만 큰 실수를 저질렀답니다. 달님께서 부디 저들을 용서해주십시오."

토끼가 코끼리를 대신해서 사과의 인사를 올렸다.

인사를 마친 코끼리는 달이 용서했다는 토끼의 말을 듣자마자 '걸음아 나 살려라'하고 바삐 자기 땅으로 돌아갔다. 이후 달의 백성으로 가장한 토끼들은 호숫가에서 오래오래 행복하게 잘 살았다.

환경은 약한 자를 지배하지만 현명한 자의 목적을 달성하는 수단이 되기도 한다.-베이컨

스님을 미워한 죄

먼 옛날, 동부 지방에 동냥을 하며 수행하는 스님이 한 분 살았다. 그 스님은 집집마다 찾아다니며 동냥을 했고 그분의 경건한 생활을 존경하는 사람들은 기꺼이 먹을 것을 내주었다. 동냥을 마친 스님은 언제나 음식을 앞에 놓고 신에게 기도를 올렸으며, 지나가는 배고픈 사람이 있으면 먼저 음식을 권한 후에야 식사를 하였다. 만약 남은 음식이 없으면 그냥 끼니를 걸렀다.

어느 날, 스님은 어느 나이 든 여인의 집을 찾아가 동냥을 청했다. 그 여인은 심술궂고 욕심이 많은 터라 남에게 주는 걸 몹시 아까워했다.

스님이 동냥한 음식을 배고픈 사람에게 먼저 먹인
다는 걸 알 리 없는 여인은 투덜거리면서 마지못해
먹을 것을 내놓았다. 그 다음날 스님이 다시 문 앞에
나타나 음식을 청하자 여인은 드러내놓고 짜증을 부
리고는 상한 음식을 덜어주었다.

스님이 세 번째로 동냥을 오자 여인은 마침내 화
가 머리 끝까지 치솟았다.

스님을 혼내줘서 두 번 다시 오지 못하게 해야겠
다고 생각한 여인은 독약을 넣은 음식을 스님의 동
냥 그릇에 부어주었다. 그런 줄 모르는 스님은 변두
리에 있는 자기의 오두막으로 돌아가서 명상을 끝낸
후 식사를 하려 했다. 그때 마침 한 젊은이가 지친
모습으로 지나가자 스님은 그를 불러서 얻어온 밥을
권했다.

종일 먼길을 오느라고 몹시 시장했던 젊은이는 스
님이 주는 음식을 남김 없이 먹어치웠다. 남은 음식
이 없는 스님은 끼니를 굶어야 했다. 독이 든 음식인
줄 모르고 식사를 마친 젊은이는 스님에게 인사를

마치고 집으로 돌아갔으나 어머니를 보자마자 그 자리에서 쓰러져 죽었다.

젊은이는 바로 스님의 동냥밥에 독을 탄 여인의 아들이었던 것이다.

아들을 잃은 여인은 땅을 치면서 꺼이꺼이 울었다.

아무리 작은 악(惡)이라도 이를 행하면 안 된다.-《소학》

생쥐가 있어야 고양이는 빛나거늘…

북부 지방의 깊고 높은 산골짜기에 '위대한 힘'이라는 이름의 사자 한 마리가 살고 있었다. 어느 날 사자가 굴에서 잠을 자고 있는데 생쥐 한 마리가 겁도 없이 그의 갈기를 갉아먹기 시작했다. 그 바람에 잠이 깬 사자는 화가 치밀어서 생쥐를 잡으려고 애를 썼지만 생쥐는 약을 올리듯이 재빨리 쥐구멍으로 들어가버렸다.

사자는 잠시 생각에 잠겼다.

'내가 이런 미물과 싸울 수 있나. 이런 하찮은 적을 이기려면 그에 걸맞는 상대를 고용하여 죽이도록

하는 것이 최선일 것이다.'

사자는 마을에 내려가 맛있는 고기를 미끼로 고양이를 꼬셔서 사자 굴로 데려왔다. 고양이를 본 생쥐는 쥐구멍 안에서 꼼짝못하고 두려움에 떨었다. 사자는 고양이를 믿고 갈기를 죽 펴고 편안하게 잠을 잤다. 생쥐가 시끄러운 소리를 내면 사자는 얼른 고양이에게 맛있는 고기를 던져주면서 생쥐를 잡으라고 격려했다.

어느 날, 더 이상 굶주림을 참을 수 없게 된 생쥐가 쥐구멍 밖으로 나오고 말았다. 그러자 쥐구멍을 지키던 고양이가 단숨에 생쥐를 잡아서 죽여버렸다.

더 이상 생쥐 소리가 들리지 않게 되자 사자는 점점 고양이에게 먹이 주는 것을 잊어버렸고 급기야는 그의 존재마저 아주 잊어버렸다.

세상은 쓸모 있는 사람만 대접한다. 오래 살기 위해서는 천천히 살 필요가 있다.—키에르케고르

"사람에게는 사람의 본성이 있는 법이지요."

노스님이 갠지스 강가에 앉아서 시를 암송하고 있었다. 그때 나무 위에 있던 전갈이 강물에 빠져버렸다. 전갈이 허우적대는 모습을 지켜본 스님은 전갈을 건져서 나무에 도로 올려놓았다. 그러나 전갈은 괘씸하게도 자신을 구해준 스님의 손을 물어버렸다. 스님은 개의치 않고 다시 강가에 앉아서 시를 암송했다.

얼마 후 전갈이 다시 나무에서 떨어져 강물에 빠졌다. 스님은 다시 허우적거리는 전갈을 건져서 나뭇가지에 올려주었고 전갈은 또 스님의 손을 깨물었다. 얼마 지나지 않아 전갈이 또다시 강물에 떨어졌고 스님은 물에 빠진 전갈을 건져 나무에 올려주었다. 이번에도 전갈은 은인의 손을 깨물었다.

그때 마을 사람이 물을 길러 왔다가 우연히 그 광경을 지켜보았다. 그는 더 이상 참지 못하고 스님 곁으로 다가갔다.

"스님, 스님께서 저 배은망덕한 전갈을 여러 번 구해주시는 걸 보았습니다. 그런데도 전갈은 매번 스님을 깨물더군요. 저 못된 걸 죽도록 내버려두지 왜 구해주십니까?"

그러자 스님은 그 사람을 돌아보며 말했다.

"보시오. 저 전갈도 어쩔 수 없는 거라오. 깨무는 게 전갈의 본성이니까요."

"저도 그건 압니다. 하지만 그걸 알면서 스님은 왜 전갈을 피하지 않습니까?"

마을 사람이 되묻자 스님이 미소를 지으며 대답했다.

"나도 어쩔 수가 없다오. 나는 사람이고, 목숨을 구해주는 것이 사람의 본성이 아니겠소?"

세상에서 가장 행복한 사람은 인격(人格)을 지닌 사람이다.-괴테

닥시나의 불빛

서부 지방에 자말 싱이라는 왕이 살았다. 영토는 적었지만 그가 다스리는 왕국은 부와 번영을 누렸다. 그러나 야심이 많은 자말은 그것으로 만족하지 않았다. 수많은 군인을 가진 강성한 군대를 키웠으며, 그의 왕국은 그 일대에서 최강으로 자리잡았다. 하지만 그사이 자말의 성격은 괴팍해지고 어리석을 정도로 오만방자해졌다.

어느 날, 카슈미르 지방의 한 상인이 자말의 왕국을 방문했다. 왕에게 많은 양의 사프란(물감)을 팔러 온 것이었다. 사프란은 아주 비싼 물건이었지만 자기의 부를 과시하고 싶었던 자말 왕은 그 비싼 사프란을 전부 사들여서 그대로 도랑에 내다버리도록 지시했다.

그 사실을 알게 된 부와 번영의 여신 락시미는 매우 분노했다.

'자말을 가만두지 않겠다.'

여신은 자말이 도박에 빠지도록 꾀어냈다. 어리석은 자말은 매번 엄청난 돈을 잃었고 끝내 왕국까지 내놓고 빈털터리가 되어 거리로 내쫓기는 신세가 되었다. 절망과 굴욕감을 느낀 자말은 아들과 며느리를 데리고 이웃 나라로 떠나고 말았다.

자말과 그의 아들, 며느리는 시린 가슴을 부여안고 발이 부르트도록 여러 날을 걸어 마침내 이웃 나라의 수도에 도착하였다. 그들은 도시의 변두리에 오두막을 마련하고 새로운 생활을 시작했다. 한때는 귀한 몸이었지만 자말과 아들 비크람은 막노동을 해서 생활을 영위했다.

길에서 돌을 깨고 등짐을 졌으며 우물에서 물을 길어 나르는 등 닥치는 대로 일했다.

착하고 영리한 자말의 며느리 닥시나는 열심히 일하면서 어려운 집안 살림을 잘 꾸려나갔다. 닥시나는 시아버지 자말과 남편에게 품삯 이외에 무엇이든지 눈에 띄는 건 집에 들고 오라고 부탁했다. 자말과 남편 비크람은 그녀의 말대로 거리에서 주운 벽돌 부스러기, 나무토막, 이상하게 생긴 돌멩이, 버려진 야채 등 손에 잡히는 것은 뭐든지 집으로 가지고 왔다.

어느 날, 그날따라 운도 없었던지 자말과 비크람이 발견한 건 겨우 죽은 뱀 한 마리였다. 비크람은 할 수 없이 뱀꼬리를 집어서 집으로 가져와 지붕에다 던져버렸다.

다음날 일을 마치고 집으로 돌아오던 자말과 아들은 거리에서 사람들이 흥분해서 웅성거리는 것을 목격했다. 자말이 한 남자를 붙잡고 그 이유를 물었다.

"무슨 일이 일어났나요?"

"아니 아직 그것도 몰라요? 오늘 아침 왕비가 귀중한 금목걸이를 잃어버렸다는 거예요. 글쎄 아침에 창턱에 잠시 내려놓았는데 솔개가 날아와서 그걸 채

갔답니다. 왕께서는 그 귀한 목걸이를 가져오는 사람에게 큰 상을 내리시겠다고 발표했어요. 그래서 사람들이 저리 흥분한 거지요. 목걸이를 찾아서 큰 상을 받으려구요."

집으로 돌아온 자말과 아들은 닥시나에게 왕비의 목걸이 이야기를 했다. 그러자 닥시나는 눈을 반짝이며 대답했다.

"왕비의 목걸이요? 제가 가진 목걸이가 아마도 왕비의 목걸이일 거예요."

"뭐라고? 어떻게 그 목걸이가 당신에게 있다는 거요? 그게 어디서 났소?"

"제게 그 목걸이가 있다는 사실밖에는 아무것도 말할 수가 없어요. 어서 왕궁으로 가서 어떤 상을 주는지 알아보세요."

다그치듯 묻는 남편의 말에 닥시나는 이렇게 대답하고는 그의 등을 떠밀었다.

비크람은 왕궁으로 달려가서 한 관리를 붙잡고 물었다.

"저, 왕비님의 목걸이를 가져오면 어떤 상을 주는

지 알고 싶어요."

비크람의 질문에 분명하게 대답할 수가 없는 관리는 왕에게 나아가 비크람의 질문을 되물었다.

"그 요청이 타당하다면 그가 바라는 걸 그대로 들어줄 것이다."

왕의 답변을 들은 비크람은 집으로 달려와서 닥시나에게 그 사실을 전했다.

"그렇다면 서둘러요. 자, 빨리 저와 함께 왕궁으로 가세요."

닥시나와 비크람은 왕궁으로 가서 왕과 왕비에게 공손히 목걸이를 내놓았다.

"이게 왕비께서 잃은 그 목걸이가 맞는지요?"

"그래, 이거예요. 이걸 어디서 찾았나요?"

왕비는 뛸 듯이 기뻐했다.

"오늘 제가 문 밖에 서 있는데 솔개 한 마리가 날아와서 저희 집 지붕에 앉았습니다. 그 부리에 이 목걸이를 물고 있더군요. 지붕에는 마침 죽은 뱀이 한 마리 있었는데 솔개는 목걸이를 내려놓고 대신 그 죽은 뱀을 물고 날아갔습니다."

"그래? 아주 다행이구먼. 나는 다시는 이 목걸이를 볼 수 없다고 여겼는데요."

왕비가 기뻐하는 모습을 지켜본 왕이 닥시나에게 물었다.

"그래, 그대가 원하는 것이 무엇인가? 내가 고마워서 그러는 것이니 망설이지 말고 얘기하라."

닥시나는 대답했다.

"전하, 저는 돈이나 땅을 원하지 않습니다. 그저 제가 바라는 것은 디왈리 명절날 밤에 이 도시의 모든 집에 불을 밝히지 못하도록 해달라는 겁니다. 물론, 이 왕궁을 포함해서요. 그날 램프를 켜고 싶은 사람은 모두 저희 집으로 오셔서 불을 밝혀야 합니다."

왕과 왕비는 이상한 요청을 하는 닥시나를 물끄러미 바라보았다. 디왈리 축제 때는 모든 집들이 불을 밝히고 부의 여신 락시미를 기다리는 것이 관습이었다. 어둠에 잠긴 왕궁을 떠올린 왕은 그 부탁이 마음에 들지 않았지만 약속을 지키기로 결정했다. 왕은 디왈리 축제날 그 어느 집도 불을 밝혀서는 안 되며

축제를 기리는 램프는 모두 닥시나의 집 앞에서만 켜라고 지시했다.

디왈리 축제일이 되었지만 도시의 어느 곳에서도 불빛이 보이지 않았다. 도시에 도착한 락시미 여신은 도시가 온통 암흑에 싸인 것에 몹시 놀랐다. 칠흑 같은 어둠 때문에 어느 집에도 들어갈 수가 없었던 것이다.

그러나 한 군데, 닥시나의 집에만 불빛이 환히 밝혀 있었다. 여신은 그 집에서 밤을 지샐 수 있을 것이라 여기고 그곳으로 달려갔다. 그러나 집 앞에서는 긴 막대기를 든 닥시나가 문을 가로막고 있었다.

"멈추세요! 당신은 내 집에서 쉴 수 없다구요!"

닥시나가 집 안으로 들어가려는 락시미 여신을 향해 소리쳤다.

"무슨 소리요?"

여신은 얼굴을 찡그리며 닥시나를 쳐다보았다.

"이봐요, 왜 도시가 이렇게 깜깜한 거지요? 여기를 제외하곤 불빛을 볼 수가 없네요. 게다가 당신을 축복하려고 이곳에 왔는데 이렇게 나를 집 안에 들

어가지도 못하게 하다니, 알 수가 없군요. 무슨 일이
죠?"

"왜 제가 당신을 제 집에 들어가게 하겠어요?"

닥시나의 목소리는 날카로웠다.

"여신이 언제 우리를 그렇게 친절하게 대해주셨나
요? 우리에게 동정심을 보여주었느냐고요? 우리를
이렇게 비참하게 만든 건 바로 락시미 여신, 당신이
랍니다. 당신의 하찮은 분노 때문에 우리가 이리 가
여운 처지가 되었다고요."

"제발 하룻밤만 여기서 자게 해주세요. 당신이 바
라는 것을 다 들어줄게요. 물론 잃어버린 왕국도 돌
려주고요. 내가 약속할게요."

불이 켜진 집만 찾아서 묵는 락시미 여신은 닥시
나를 향해 애원하듯 말했다. 그제야 닥시나는 환한
미소를 짓고 여신에게 오두막의 문을 열어주었다.
닥시나의 집에서 하룻밤을 보낸 락시미 여신은 자말
의 집에 축복을 내리고 길을 떠났다.

다음날, 눈을 뜬 닥시나는 집 안에 가득히 놓여 있
는 금덩이와 보석을 발견했다. 락시미 여신이 두고

간 선물이었다. 자말 싱과 아들 비크람, 며느리 닥시나는 잃어버린 자기 왕국으로 돌아가 모든 것을 되찾았다.

남성은 작품을 만든다. 그러나 여성은 그 남성을 만든다.-로맹 롤랑

어리석은 자는 왜 위험한가?

산 속에 한 무리의 원숭이가 살고 있었다. 어느 겨울날, 비까지 내리자 날씨는 견디기 어려울 정도로 추워졌다. 원숭이들은 옹기종기 모여 앉아서 덜덜 떨리는 몸을 녹이려고 애썼다. 그러던 어느 날, 덤불 아래에 붉은 꽃들이 피어났다. 원숭이들은 추위를 피하려고 그 주위에 모여들었다. 언젠가 사람들이 붉은 물체 주위에 둘러앉아 온기를 쬐는 걸 본 적이 있었던 것이다.

나뭇가지에 앉았던 새 한 마리가 그런 원숭이들을 보고 충고했다.

"친구들, 그건 불이 아니라 그저 붉은 색 꽃이야. 거기서 온기를 얻을 순 없다구. 저기 하늘에 먹구름이 잔뜩 모이는 걸 보니 곧 폭풍우가 닥칠 모양이야. 어서 동굴로 돌아가서 비를 피해. 그러지 않으면 모두 얼어죽을 거야."

그 말을 들은 원숭이 우두머리가 대꾸했다.

"이 어리석은 새야, 입 닥쳐! 너만 똑똑한 줄 아냐? 우리도 알 만큼 알고 있다구!"

새는 대답했다.

"내가 비록 똑똑하지는 않지만 그 붉은 꽃이 너희들의 추위를 덜어주지 않는다는 건 알고 있어."

그 말을 들은 원숭이들은 합창하듯이 새에게 짜증이 실린 야유를 실어 보냈다. 새는 다시 사태의 심각성을 설명하려고 했지만 원숭이들의 화만 돋우었다.

"너 끝내 우리를 귀찮게 할 모양인데……. 본때를 보여주지."

젊은 원숭이 한 마리가 나무에 기어올라가 새를 움켜잡아서 날갯죽지를 쭉 뽑고는 바위에 내동댕이쳤다. 성가신 새를 죽인 원숭이들은 계속 붉은 꽃 주위

에 앉아 있었다. 그러나 곧 무서운 비바람이 몰아쳐
서 많은 원숭이들이 목숨을 잃었고 일부는 큰 부상
을 입은 채 간신히 동굴로 피신할 수 있었다.

**무지의 진정한 특징은 허영과 자만, 그리고 교만이
다.-버틀러**

하늘의 별을 헤아린 사나이

　동부 지방의 나디아에 고팔 반드라는 지혜로운 사람이 살았다. 나디아를 다스리는 크리슈나찬드라는 어느 날 왕에게 불려가 어려운 일을 해결하라는 명령을 받았다. 그러나 그 일은 너무 어려워서 그의 힘으로는 도저히 풀 수가 없었다. 왕이 그에게 지구의 크기를 재고 하늘의 별을 헤아리라는 임무를 내렸던 것이다.

　'도대체 지구의 크기를 재고 하늘의 별을 헤아려서 어쩌자는 것인가.'

　가슴이 답답한 크리슈나찬드라는 그 일이 불가능

하다고 왕에게 통사정했지만 왕은 큰소리로 외쳤다.

"크리슈나찬드라, 이건 왕의 명령이다!"

왕궁을 물러나온 크리슈나찬드라는 고민을 거듭했지만 앞날이 너무나 막막했다. 그때 친구인 고팔 반드가 그를 찾아왔다.

"무슨 일로 고민하시는지요?"

크리슈나찬드라는 고팔에게 사정을 털어놓았다.

"그대가 아무리 현명하다지만 아마도 이 문제를 풀기는 어려울걸세."

"대체 무슨 일입니까?"

"글쎄 왕께서 지구의 크기를 정확하게 재라고 명령하셨네. 구석구석까지 말이야. 게다가 하늘의 별도 정확하게 헤아리라는 명령도 내리셨어. 어떻게 그걸 할 수 있겠는가?"

"그게 뭐 그리 걱정입니까? 염려마십시오. 제가 도와드리겠습니다."

크리슈나찬드라를 안심시킨 고팔은 그 방법을 일러주었다.

"왕에게 지구를 측정하고 별을 헤아리는 조사관으

로 저를 임명했다고 말씀하세요. 다만, 그 어려운 일을 하는 데는 많은 돈과 시간이 든다고 하시고 조사를 마치는 데 약 1년의 시간과 100만 루피의 비용이 필요하다고 말씀하십시오. 아셨지요?"

크리슈나찬드라는 고팔 반드의 생각에 찬성했다. 이제 만약 무슨 일이 생기면 그 책임은 다 고팔이 지고 자기는 무사할 것이 분명했다. 그는 왕을 찾아가서 고팔이 시키는 대로 보고하고 100만 루피를 받아서 고팔에게 넘겨주었다.

돈을 받은 고팔은 하는 일 없이 놀기만 했다. 왕이 준 돈으로 맛있는 음식을 해먹고 매일 친구들과 어울려 흥겹게 놀았다. 크고 화려한 집을 짓고 그 안을 아름답게 장식하였다. 1년이 안 돼 그 많은 돈은 다 사라졌다. 고팔은 크리슈나찬드라를 찾아가 남은 동전 몇 닢을 내보이며 울적한 표정으로 말했다.

"일이 생각보다 어려워서 다시 1년의 시간과 100만 루피가 더 필요합니다."

크리슈나찬드라는 마지못해 왕을 방문하여 고팔의 요청을 보고했다. 왕도 내키지 않아 하며 고팔에게 돈을 더 주고 시간도 연장해주었다. 100만 루피를 받은 고팔은 집으로 돌아가서 전처럼 다시 즐겁게 생활했다. 매일 잔치를 벌이고 흥청망청 쓰며 잘 놀았다. 그러는 동안에 어느덧 약속한 2년이 다 되었다. 마침내 고팔 반드는 자기가 조사한 바를 보고하겠다고 말했다.

고팔이 왕궁을 향해 길을 떠나는 광경은 아주 이상했다. 이리저리 뒤엉킨 짐을 가득 실은 15대의 마차가 줄을 이어 굴러갔고 그 뒤를 꼬불꼬불한 털이 수북하게 난 5마리의 양이 졸졸 따랐다. 사람들은 그 이상한 행렬을 내다보며 수군거렸다. 왕궁에 도착한 고팔은 왕에게 인사를 올리고 조사한 것을 보고하러 왔다고 말했다. 왕은 어이없다는 표정으로 그에게 물었다.

"그래, 이제 문제를 다 풀었느냐?"

왕의 물음에 고팔이 자신 있게 대답했다.

"물론입니다."

"그렇다면 어서 말해보라. 지구의 길이는 얼마이고 하늘에 있는 별은 몇 개인가? 정확하게 그 수를 말하라. 그대는 이미 2년이란 긴 세월을 보냈느니라."

왕이 다그치자 고팔은 놀란 표정을 지으며 대꾸했다.

"언제 그 수를 이야기하라고 하셨습니까? 왕께서는 그냥 지구를 재고 하늘의 별을 헤아리라고만 하셨을 뿐입니다. 제가 잰 지구의 길이는 8대의 마차에 있는 밧줄과 같고, 그 넓이는 나머지 7대의 마차에 있는 밧줄과 같습니다. 그리고 하늘에 있는 별은 여기 있는 양의 털처럼 아주 많습니다. 이만한 털을 가진 양을 찾는 일이 어려워서 시간이 많이 걸린 겁니다."

왕은 아무 말도 하지 않고 고팔에게 100만 루피를 상으로 내렸다.

현명한 사람은 만물 속에서 자기를 위한 부조를 찾아낸다.-러스킨

꿈보다 해몽

어느 날 무굴 제국의 악바르 황제가 꿈을 꾸었다. 이빨이 한 개만 남고 몽창 빠지는 이상한 꿈이었다. 다음날 황제는 전국의 유명한 점성술사들을 모두 왕궁으로 불러들여서 자신이 간밤에 꾼 꿈을 말하고 해몽을 부탁했다.

점성술사들은 한동안 머리를 맞대고 논의하더니 대답했다.

"그 꿈은 황제 폐하의 모든 친척들이 폐하보다 먼저 죽는다는 걸 의미합니다."

그 말을 들은 악바르는 기분이 나빴다. 꿈이 악몽

이라고 여긴 악바르 황제는 점성술사들에게 사례비
는커녕 수고했다는 말 한마디 건네지 않았다.

그날 오후, 현명한 비르발 재상이 왕궁에 들어왔
다. 악바르 황제는 다시 간밤의 꿈 이야기를 해주고
해몽을 부탁했다. 재상은 잠시 생각하더니 예의바른
어조로 대답했다.

"폐하께서 다른 친척들보다 더 오래 사실 거라는
꿈입니다."

황제는 비르발의 말에 기뻐하면서 그에게 많은 상
을 내렸다.

**나쁜 아이디어에 대한 단 하나의 확실한 무기는 좋
은 아이디어다.-그리스월드**

앵무새와 영생의 과일

갠지스 평원에 위치한 오드 왕국에 세 아들을 가진 왕이 있었다. 그의 아들은 모두 훌륭한 교육을 받았고 한결같이 똑똑하고 영리했다. 어느 날, 왕은 아들의 능력을 시험하기 위해 그들을 불렀다. 왕은 잘못을 저지른 백성을 어떻게 처벌해야 하는지에 대해 의견을 물었다.

"너희가 어떤 사람을 명예와 목숨을 걸고 믿었는데 그가 믿을 수 없는 사람이라는 사실을 알게 되면 어떻게 할 것이냐?"

먼저 큰아들이 대답했다.

"그런 작자는 바로 목을 베어야 한다고 생각합니다."

둘째아들도 형의 말에 동감을 표하며 말했다.

'저도 그렇게 생각합니다. 그런 사람은 죽여야 마땅합니다. 자비를 베풀 필요는 없습니다."

왕은 막내아들에게 물었다.

"네 의견은 어떠냐?"

"전하, 그런 죄를 지은 자에게는 처벌을 내리는 것이 마땅합니다만 그를 죽이기 전에 그가 정말 잘못을 했는지 살펴보아야 한다고 봅니다."

왕은 다시 물었다.

"네 생각은 잘못을 저지른 사람만 죽여야 한다는 게냐?"

"물론 그렇습니다. 그런 일이 일어날 수 있답니다. 예를 들어 말씀드리겠습니다."

막내아들은 다음의 이야기를 들려주었다.

비다르바 왕은 아주 영리한 앵무새 한 마리를 가지고 있었습니다. 힘수카라는 이름의 그 앵무새는 애완동물로 궁정에서 살았지요. 앵무새는 여러 나라 언어를 이해하고 말할 수 있을 뿐만 아니라 현명하기도 해서 왕은 중요한 문제가 생길 때마다 앵무새에게 자문을 구했습니다.

어느 날, 앵무새가 궁정을 떠나 숲으로 아버지를 만나러 갔습니다. 아버지 앵무새는 아주 반가워하며 말했습니다.

"네가 와서 아주 기쁘구나. 네 어머니도 너를 몹시 보고 싶어하니 며칠 집에 와서 묵으면 안 되겠니?"

"아버지, 저도 그러고 싶지만 먼저 왕에게 허락을 받아야 합니다."

힘수카는 궁정으로 다시 돌아가 부모님 집에 며칠 머무르게 요청했습니다.

처음에 왕은 앵무새를 집에 보내줄 생각이 조금도 없었습니다. 왕은 앵무새를 아주 좋아했고 며칠씩 그를 보지 않고 살 자신이 없었으니까요.

그러나 결국 왕은 앵무새에게 보름 간의 귀가를 허락했습니다.

"집에 가서 부모와 며칠 지낸 후 가능한 한 빨리

돌아오려무나."

앵무새는 공손하게 대답했습니다.

"그러겠습니다. 꼭 보름 안에 돌아오겠습니다."

다시 아버지를 만난 힘수카는 함께 집으로 돌아갔습니다. 몇 년 만에 사랑하는 아들을 만난 어머니는 몹시 기뻐했지요. 앵무새는 부모님과 14일을 보냈습니다.

"존경하는 부모님, 지난 보름 동안 아주 즐거웠습니다. 이제 떠나야 할 시간입니다. 왕께서 저를 기다리고 계십니다."

힘수카의 부모는 아들이 그렇게 빨리 떠나는 것이 서운했지만 왕에게 한 보름의 약속을 지킬 수 있도록 아들이 떠나는 걸 허락했습니다.

"아들아, 왕에게 선물을 드리고 싶은데 무엇이 좋을지 알 수 없구나."

아버지는 힘수카에게 그렇게 말하고는 마땅한 선물을 생각하려고 애를 썼습니다. 마침내 아버지에게 좋은 생각이 떠올랐지요.

"왕에게 드릴 가장 좋은 선물이 생각났어. 여기서

멀리 떨어진 산에 나무가 한 그루 있는데 그 나무에 젊음의 과일이 열린단다. 그 과일을 먹는 사람은 영원히 죽지 않아. 언제나 젊은이로 사는 거지. 내가 가서 그걸 따올 테니 왕에게 갖다 드려라."

아버지 앵무새는 어디론가 날아가더니 신비한 황금색 과일을 가지고 돌아왔습니다. 힘수카는 아버지가 왕에게 선물하라고 준 과일을 받아들고 집을 떠났습니다. 힘수카가 궁정을 향해 길을 나선 것은 저녁 무렵이었습니다. 곧 해가 지고 어둠이 내리자 힘수카는 나무 위에서 하룻밤을 보내기로 결정했지만 그 귀중한 과일을 둘 장소를 찾지 못했습니다.

다행히 나무 등걸에 난 구멍이 보였고 과일을 그곳에 두고 잠이 들었지요.

그러나 그 구멍에는 독사가 살고 있었습니다. 집에 돌아온 독사는 반짝이는 과일이 자기 집에 놓여 있는 걸 보고 그것이 무엇인지 궁금했습니다. 그 아름다운 과일을 먹을 수 있는지 알고 싶었던 독사는 과일의 일부를 베어 먹었지만 맛이 없어서 더 이상 먹지 않고 그대로 두었지요. 그러나 독사가 베어 먹은 과일에는 이미 독이 묻어 있었습니다.

　다음날, 힘수카는 과일을 집어들고 여행을 계속했습니다. 궁정에 도착한 앵무새는 왕을 만나 아버지의 선물인, 신비로운 영생의 과일을 바쳤지요. 신비한 과일에 대한 이야기를 들은 왕은 모든 신하를 불러놓고 여러 사람이 보는 자리에서 그 과일을 먹고 싶어졌습니다. 왕의 가족과 친척은 물론, 신하들이 모두 모이자 왕은 앵무새가 바친 영생의 과일을 꺼내 먹으려고 했습니다. 그때 한 신하가 말했지요.

　"전하, 잠시만 기다리십시오. 그 과일을 먹기 전에 일단 다른 동물에게 먼저 먹여보는 것이 어떨지요. 그걸 먹은 동물이 아무렇지 않다면 그때 전하께서 드시는 게 좋을 것 같습니다만."

　"그거 아주 좋은 생각이다."

　왕은 과일을 잘라서 까마귀에게 던져주었습니다. 그러자 과일을 먹은 까마귀는 그 자리에서 죽고 말았습니다.

　"그것 보십시오, 전하. 아슬아슬하게 목숨을 건지셨습니다. 그건 독약이 든 과일이지 영생의 과일이 아니었습니다. 힘수카는 전하를 해코지하려고 고의로 독이 든 과일을 드린 겁니다."

화가 잔뜩 난 왕은 힘수카를 잡아서 한칼에 베어 죽였습니다. 그 다음, 왕은 황금색 과일을 도시에서 멀리 떨어진 곳에 깊은 구덩이를 파고 묻으라고 지시했습니다.

과일은 땅 속에 파묻혔습니다. 그러나 곧 그 위에 싹이 나더니 나무가 되어 무럭무럭 자랐습니다. 자라난 나무는 탐스러운 황금색 열매를 맺었지요. 그 소식을 들은 왕은 이렇게 말했습니다.

"그건 죽음의 과일이야. 그 열매에는 독이 들었느니라."

왕은 신하를 시켜서 나무 주변에 울타리를 치게 하고 보초를 세워 사람들이 실수로 독이 든 과일을 따먹지 않도록 조치했습니다.

죽음의 과일에 대한 소문은 널리 퍼져나갔지요. 사람들은 나무를 무서워했고 그 주변에 얼씬거리지 않았습니다. 도시에 살던 어느 노부부도 그 소문을 듣게 되었지요. 그들은 너무 가난해서 사람들의 도움을 받아 생활하는 딱한 처지였는데 나이가 들고 문 밖 출입이 쉽지 않자 종종 굶는 날도 생겼습니다.

삶이 너무 버거웠던 두 노인은 죽고 싶었습니다. 죽을 수 있는 최선의 방법이 죽음의 과일을 따먹는 것이라고 여긴 노인은 어느 날 밤 보초를 피해 울타리를 넘어갔습니다. 과일을 두 개 따서 집으로 가져온 노인은 아내와 그 과일을 하나씩 나누어 먹었습니다. 곧 죽을 것이라고 생각한 두 노인은 침대에 누워 죽기를 기다렸습니다.

그러나 다음날, 두 사람은 평상시처럼 잠에서 깨어났습니다. 놀랍게도 죽지 않은 것입니다. 뿐만 아니라 두 사람은 점점 젊어지기 시작했습니다. 힘도 생기고 기운도 솟아났습니다. 그 이야기를 전해들은 왕은 노인을 직접 찾아갔습니다. 두 노인은 이미 젊은이가 되어 있었습니다. 왕은 그제야 힘수카가 가져온 과일이 진짜 영생의 과일이었음을 깨닫게 되었습니다. 그리고 가장 아끼는 앵무새를 성급하게 죽인 자신의 실수를 후회했지요.

이야기를 마친 막내왕자가 말했다.

"그렇기 때문에 피고가 정말 죄를 저질렀는지 완벽하게 조사를 마친 후에 처벌하는 것이 옳다고 생각합니다."

아버지는 크게 기뻐하면서 왕위를 이을 자신의 후계자로 셋째 아들을 선택했다.

널리 배우고, 자세히 묻고, 신중하게 생각하며, 똑똑하게 밝히고, 착실히 행하라. - 《중용》

"이 조가비는 금화를 두 개씩 준답니다."

옛날 갠지스 강가 베나라스에 가난한 짐꾼 람딘이 살았다. 그와 아내는 열심히 일했지만 늘 가난을 면치 못했다. 굶기를 밥 먹듯하고, 옷은 다 해져서 여기저기 기운 초라한 몰골이었다. 어느 봄날, 두 사람은 작은 초가집에 앉아서 자신의 신세를 한탄하였다. 마침 열린 문 밖으로 고운 옷을 입은 사람들이 지나가는 것이 내다보였다.

"여보, 세상 사람들은 모두 행복해 보이는데 왜 우리만 이렇게 사는 걸까요? 아무리 애를 써도 끼니조차 잇기 어려우니 말이에요. 저기 먼 히말라야에 홀

룽한 성자가 산다고 들었는데 당신이 거길 찾아가서 빌어보면 어떨까요? 혹시 성자가 우리처럼 불쌍한 사람을 도와줄지도 모르잖아요."

아내는 떨어진 옷을 깁던 손을 멈추고 남편을 쳐다보았다.

"글쎄, 히말라야에 가면 과연 그분을 만날 수 있을까? 정말 우리를 도와줄까?"

남편은 믿을 수 없다는 표정으로 아내를 돌아보았다.

"그냥 성스러운 히말라야 산에 순례를 간다고 생각하세요. 그러면 혹시 자비로운 신이 우리를 도울지도 모르잖아요? 신은 언제나 착한 사람들 편이니까요."

"그래, 그러는 게 좋겠소. 당신 말대로 히말라야로 떠나겠소."

다음날, 날이 밝자마자 람딘은 수건과 옷을 넣은 작은 보따리를 꾸려가지고 히말라야를 향해 떠났다. 베나라스에서 히말라야까지는 여러 날이 걸리는 먼 길이었다. 며칠을 계속해서 걷자 람딘의 발은 부르트고 물집이 생겼다. 그렇지만 히말라야로 가는 것을 포기할 수는 없었다.

드디어 멀리 산자락이 보이기 시작했다. 그는 마지막 힘을 다해 눈 덮인 산을 오르기 시작했다. 히말라야의 추운 공기가 람딘의 얇은 옷을 뚫고 들어와서 괴롭혔다.

아무리 춥고 힘들어도 람딘은 잠시도 쉬지 않고 산행을 계속했다. 마침내 만년설이 덮인 산 정상에 다다른 그의 귀에 잔잔하게 시를 암송하는 소리가 들렸다.

'이제 다 온 것일까?'

그는 걸음을 멈추고 주위를 둘러보았다. 온통 눈밭이었다. 그 눈 속을 헤치고 눈처럼 흰 머리칼과 수염을 길게 늘어뜨린 노인이 람딘을 향해 걸어왔다.

'저분이 바로 아내가 말했던 성자가 아닐까.'

"그대는 누구길래 이 추운 산에 그리도 열심히 올랐는가?"

노인은 부드러운 목소리로 람딘에게 물었다. 람딘은 두 손을 모아쥐고 가만히 성자를 쳐다보았다. 말이 나오지 않았다.

"분명히 네가 바라는 게 있어서 여기에 왔으렷
다?"

노인은 다시 물었고 람딘은 그제야 모기만한 소리
로 입을 열었다.

"성자님, 저를 도와주십시오. 저는 너무 가난합니
다. 아무리 열심히 일해도 먹고 살기가 힘이 듭니다.
부디 저를 보살펴주세요."

"그래? 그렇다면 이 조가비를 가져가거라. 이 조
가비가 매일 네게 금화 한 닢을 줄 것이다. 그렇게
되면 가난을 벗어나겠지?"

성자는 조가비를 람딘에게 넘겨주고 눈 속으로 사
라졌다. 람딘은 성자가 눈에 보이지 않을 때까지 뒷
모습을 바라보다가 성자가 준 조가비를 소중하게 보
따리에 싸들고 산을 내려왔다.

람딘은 집으로 돌아가는 길에 날이 어두워져 길가
의 여인숙에서 하룻밤을 묵었다. 주인은 어디에서
오는 길이냐고 람딘에게 물었고 순진한 그는 히말라
야 산에서 벌어진 일을 자세하게 설명했다. 여관 주

인은 '여우'라는 별명을 가진 교활한 사람이었다. 조가비가 탐이 난 그는 람딘에게 많은 음식과 술을 대접해서 잠에 곯아떨어지게 만들었다. 람딘이 잠들자 그는 같은 모양의 조가비를 람딘의 보따리에 싸놓고 금화를 주는 람딘의 요술 조가비를 훔쳤다.

그런 사정을 모르는 람딘은 다음날 기쁜 마음으로 보따리를 안고 집으로 돌아왔다.

"여보, 내가 뭘 가지고 왔는지 아시오?"

그는 아내에게 히말라야 산행과 요술 조가비 이야기를 해주었다. 아내는 뛸 듯이 기뻐하였다. 람딘과 아내는 얼른 조가비를 시험해보고 싶었다.

"빨리 부탁해봐요!"

두 사람은 조가비를 꺼내 바닥에 놓고 말했다.

"요술 조가비야, 금화를 주려무나."

그러나 금화는 나오지 않았다. 람딘은 여러 차례 금화를 달라고 부탁했지만 요술 조가비는 아무것도 내놓지 않았다. 기대가 컸던 아내와 람딘은 몹시 실망했다.

"당신이 말한 대로 히말라야에 가서 성자를 만났

는데 이게 무슨 꼴이오? 금화가 어딨소? 성자라는
작자가 나를 속인 거요. 안 그렇소?"

남편은 골을 냈지만 아내는 남편보다 침착했다.

"아니에요. 성자가 속인 것이 아니라 집으로 돌아
오는 길에 무슨 일이 생긴 거라구요. 아마도 어떤 사
람이 요술 조가비를 훔치고 그 대신 평범한 조가비
를 넣은 모양이에요. 당신, 돌아오는 길에 어디서 묵
었지요?"

"바꿔쳤다구? 그럴 리가 없을 거요. 아, 그래. 돌
아오는 길에 어떤 여관에 묵었더랬소. 하지만 주인
은 아주 친절하고 좋은 사람이었소. 내게 돈도 받지
않고 맛있는 음식을 대접했거든. 아무래도 그가 훔
쳤을 것 같지는 않은데."

"그 사람에게 요술 조가비에 대해서 말했나요?"

아내의 다그침에 람딘은 고개를 끄덕였다. 뭔가
짚이는 것이 있었다.

"그 사람이 틀림없어요. 그가 훔친 거예요."

아내는 잠시 무엇인가 생각하더니 남편에게 말했
다.

"좋아요. 나한테 좋은 생각이 있으니 제가 하라는 대로 해보세요. 며칠 있다가 그곳에 다시 가서 묵으시는 거예요. 이 조가비를 가지고 가세요. 분명히 주인은 이것저것 물어볼 거구요. 주인이 묻거든 제가 말한 대로 대답하세요."

"알았소. 내 그러리다."

며칠 후, 람딘은 아내가 시킨 대로 집을 떠나서 다시 그 여관을 찾아갔다.

"웬일이신가요?"

배가 불룩한 주인은 꺼리는 표정으로 람딘을 맞았다.

"아, 예. 집에 가서 보니 저번에 성자가 준 조가비가 금화를 주지 않더군요, 글쎄. 그래서 다시 히말라야에 있는 성자를 찾아가서 사정을 말했더니 자기가 그만 실수를 했다면서 다른 조가비를 주는 겁니다. 이 요술 조가비는 금화를 하루 두 개씩 준다지 뭡니까? 저번에 당신이 제게 친절하게 대해주어서 집으로 가는 길에 잠시 들른 겁니다."

"좋으시겠군요, 축하드립니다. 다시 만나게 되어

기쁘기도 하구요. 제가 잘 모실 테니 하룻밤 묵었다
가시지요."

주인은 이미 요술 조가비의 위력을 잘 알고 있었
다.

'하루 한 개의 금화보다는 두 개를 주는 조가비가
낫겠지.'

주인은 람딘에게 맛있는 음식과 술을 제공하고 안
락한 잠자리를 제공했다. 람딘이 잠들기를 기다린
주인은 전에 람딘에게서 훔친 요술 조가비를 람딘의
보따리에 넣고 새 조가비를 집어갔다.

다음날 여관을 떠난 람딘은 집으로 돌아갔다. 람
딘이 떠나자 욕심 많은 주인은 아내를 불러놓고 자
기가 얻은 새로운 행운에 대해 이야기했다.

"자, 봐! 하루 두 개의 금화를 준다니까."

목욕을 마치고 자리를 잡은 여관 주인은 요술 조
가비를 향해 말했다.

"금화를 두 개 주게나."

그러나 조가비는 꿈쩍도 안 했다. 여관 주인은 목
소리를 높여가며 몇 번이나 금화를 달라고 주문했지

만 요술 조가비는 끝내 아무것도 주지 않았다. 그제야 주인은 조가비를 자세히 살펴보았다. 그건 지난번에 자기가 람딘의 요술 조가비와 바꿔치기한 바로 그 조가비였다.

집으로 돌아온 람딘은 아내와 함께 조가비를 꺼내놓고 말했다.

"금화를 주려무나."

정말 요술 조가비는 금화를 한 닢 내놓았다. 이후 람딘과 아내는 매일 요술 조가비로부터 금화 한 닢씩을 얻었다. 그것으로 먹을 것을 사고 입을 것을 마련한 람딘과 아내는 알뜰하게 모아서 집과 땅을 사고 부자가 되어 행복하게 잘 살았다.

속인 놈을 속이는 것은 두 배의 기쁨이다.- 라 퐁텐

3

지혜를 팝니다

옛날 서부 지방에 가난한 브라만이 살고 있었다. 그에게는 아들이 한 명 있었는데 아버지를 닮아서 아주 영리했다. 어느 날 병에 걸린 아버지는 아들을 불러놓고 말했다.

"사랑하는 아들아, 불행하게도 네게 물려줄 재산이 하나도 없구나. 그래도 다행히 네가 영리하고 지혜로우니 그 재능을 살려서 잘 지내기 바란다."

마지막 말을 남긴 아버지는 며칠 후에 세상을 떠났다.

세상에 혼자 남겨진 아들은 아버지의 유언을 바탕

으로 시장 한구석에 가게를 내고 '지혜를 팝니다'라는 간판을 내걸었다. 간판 앞을 지나가던 사람들과 그를 아는 마을 사람들은 아들을 비웃으며 놀려댔다. 그러나 브라만의 아들은 언제나 가게 안에 단정하게 앉아서 손님이 오길 기다렸다.

그러던 어느 날 마단이라는 사람이 지나가다가 재미있는 그 간판을 보고 가게 안으로 들어서며 물었다.

"이게 뭡니까? 지혜를 판다구요? 그래, 지혜가 얼만가요?"

브라만의 아들은 대답했다.

"돈을 얼마나 내느냐에 따라 지혜가 다릅니다."

"좋아요. 내게 1루피 어치의 지혜를 주세요."

마단은 1루피 동전을 꺼내 브라만의 아들에게 주었다.

브라만의 아들은 '1루피는 10만 루피를 절약하게 해줄 것이다. 만약 두 사람이 싸우고 있는데 그냥 구경만 한다면 어리석은 일이 아니겠는가'라고 쓴 종이를 마단에게 넘겨주었다. 마단은 그 종이를 받아들고 집으로 돌아가 아버지에게 보여주었다. 그걸 본 마단의 아버지는 화를 내며 브라만의 아들을 찾아가 돈을 돌려달라고 했다.

"이봐, 당신이 내 아들을 속였지?"

브라만의 아들은 1루피를 돌려주고 글을 적은 종이를 돌려받았다.

그 나라의 왕은 아내가 두 명이었는데 두 왕비는 늘 아옹다옹 싸움을 벌였고 그것이 왕에게는 큰 골칫거리였다. 어느 날 귀금속상에서 아름다운 목걸이를 본 두 왕비는 서로 갖겠다고 심하게 다투었다. 두 왕비는 각자 여종을 가게로 보내서 목걸이를 사가지고 오도록 시켰고 가게에서 마주친 두 여종은 다시 목걸이의 소유권을 두고 몸싸움을 벌이기 시작했다.

"이 목걸이는 우리 왕비님이 먼저 보셨으니까 당연히 우리 왕비님 것이야. 내가 가져가는 게 옳아."

첫째 왕비의 여종이 외쳤다.

"아니야. 전하께서는 우리 왕비를 더 사랑하신다고. 그러니 목걸이의 주인도 우리 왕비님이 아니겠어."

둘째 왕비의 여종도 지지 않고 대들었다. 귀금속 상 주인은 어찌해야 좋을지 몰라 난감했다.

그때 가게에 물건을 사러 왔던 마단이 그 다툼을 보고 브라만의 아들이 종이에 적어주었던 말을 기억했다. 마단은 곧 집으로 달려가 그 이야기를 아버지에게 전했고 마단과 그의 아버지는 한걸음에 '지혜를 파는' 가게를 찾아갔다.

"저번에 내게 판 종이를 다시 1루피에 팔지 않겠나?"

브라만의 아들은 고개를 저으며 대꾸했다.

"그건 이제 5천 루피를 내셔야만 드릴 수 있습니다."

5천 루피를 내고 종이를 받은 마단의 아버지는 어떻게 두 왕비의 싸움을 해결할 수 있는지 방법을 알려 달라고 브라만의 아들에게 부탁했다. 마단의 아버지는 이번 일이 왕의 환심을 살 수 있는 절호의 기회라고 여겼던 것이다. 브라만의 아들은 마단의 아버지에게 일렀다.

"당신이 그 목걸이를 사는 거예요. 그러면 두 왕비

는 싸울 수가 없지요. 그걸 사서 당신이 좋아하는 왕비에게 선물하세요."

마단의 아버지는 브라만의 아들이 일러준 대로 귀금속상으로 달려가서 10만 루피의 거금을 지불하고 그 목걸이를 샀다. 그때까지도 왕비의 두 여종은 목걸이를 놓고 싸우고 있었다. 마단의 아버지는 구입한 목걸이를 자기가 좋아하는 둘째 왕비에게 선물했다. 둘째 왕비는 바라던 목걸이를 손에 넣자 아주 기뻐했고 마단의 아버지에게 고맙다고 말했다.

집으로 돌아온 마단의 아버지는 브라만의 아들이 써준 종이를 다시 읽어보고 거기에 담긴 내용이 현실과 너무 흡사하여 깜짝 놀랐다. 처음에 받은 종이를 그대로 가지고 있었더라면 그저 1루피만 지불하고도 모든 일이 해결되었을 것이다. 그런데 그걸 돌려주었기 때문에 마단의 아버지는 무려 10만 5천 루피의 큰 돈을 지불하게 된 것이다.

이후 사람들은 브라만의 아들이 조용히 앉아 있는 가게 앞을 지나가면서 전처럼 조롱하거나 비웃지 않았다. 사람들은 조언이 필요하거나 어려운 문제를 해결해야 할 때마다 브라만의 아들을 찾았다.

'지혜를 팝니다'라는 간판이 내걸린 가게는 점점 유명해졌고 덕분에 브라만의 아들은 돈을 많이 벌어 안락하게 잘 살았다.

좋은 두뇌와 근면한 손을 가진 사람은 도처에서 금화를 볼 수 있다.-세실 로즈

누가 더 운이 없나?

옛날 남부 지방에 사냥을 아주 좋아하는 왕이 있었다. 그는 사냥에 몰두하면 배고픔도 잊고 숲을 헤매곤 했다. 어느 날, 사냥을 떠난 왕은 종일 쏘다녀도 동물 한 마리 구경할 수가 없었다. 이미 해가 넘어가고 초저녁의 어스름이 내렸다. 서둘러 나오느라고 아침부터 종일 굶은 왕은 너무 지쳐서 사냥을 포기하고 왕궁으로 돌아가기로 결정했다.

말을 타고 왕궁으로 돌아가던 왕은 문득 아침에 만난 가난한 농부의 얼굴을 기억했다. 몸이 피곤하고 사냥을 하지 못해 화가 난 왕은 아침에 그 농부를 만났기 때문에 하루 종일 재수가 없었던 모양이라고 생각했다. 왕은 군사들에게 그 농부를 찾아서 즉시 목을 베라고 명령했다.

왕의 명령을 받은 군사들은 숲과 인근 마을을 뒤진 끝에 그 농부를 찾아냈다. 졸지에 영문도 모르고 죽게 된 농부는 자신을 죽이러 온 군사들에게 죽기 전에 왕을 한 번만 만나게 해달라고 부탁했다. 그가 죄가 없다는 것을 잘 아는 군사들은 농부를 가엾게 여겨 왕궁으로 데려갔다.

농부는 왕 앞에 머리를 조아렸다.

"너는 아침에 만났던 바로 그 농부가 아니냐?"

왕은 농부를 알아보고 분노를 감추지 못했다.

"여봐라! 내가 이 자를 죽이라고 명령하지 않았더냐? 그런데 어찌하여 이곳으로 데려왔는가?"

군사들을 돌아보며 마구 호통을 치는 왕에게 농부가 고개를 들고 말했다.

"그들은 아무 죄가 없습니다. 제가 전하를 뵙겠다고 요청했습니다. 저는 아침부터 저녁까지 땅을 파며 사는 가난한 무지렁이입니다. 전하께서 오늘 아침에 저를 보시고 재수가 없어서 종일 사냥을 하지 못하셨다고 들었습니다. 그러나 전하, 생각해보십시오. 그때 저는 들판으로 농사를 지으러 나가는 길이었습니다. 그런데 저는 전하를 보았기 때문에 이제 죽어야 합니다."

왕은 농부의 말을 듣고 자신의 어리석음을 깨달았다.

'내가 종일 사냥을 하지 못한 것이 어찌 저 농부의 탓이겠는가? 내가 그를 만나서 사냥을 하지 못했다면 그는 나를 봤기 때문에 죽게 된 것이 아닌가. 누가 더 운이 없는가. 아, 내가 어리석다, 어리석어.'

왕은 농부를 집으로 돌려보내고 많은 돈과 필요한 물건을 선물로 함께 보냈다.

그 사람의 입장에 서보지 않고는 그를 비난하지 마라! 남의 입장을 충분히 이해하는 것이 사랑의 첫걸음이다. –라마 크리슈나

욕심과 물 한 잔의 여유

북부 지방에 부유한 상인이 살고 있었다. 돈이 많은 그는 마음도 아주 너그러워서 항상 대문을 열어 놓고 찾아온 사람은 누구나 배불리 먹여 보냈다.

어느 날, 그는 온 동네 사람을 점심 식사에 초대했다. 그날은 바로 상인의 딸이 결혼하는 날이었다. 사람들은 풍성한 잔칫상을 기대하며 상인의 집에 몰려들었다. 그들 중에는 모한이라는 욕심쟁이도 끼여있었다. 그는 먹는 것을 아주 밝혔고, 특히 공짜라면 사족을 못 쓰는 인물이었다. 그는 아들까지 데리고 잔치에 참석했다.

잔칫상에는 맛있는 음식이 수북했고 새로운 음식
이 연이어 제공되었다.

　사람들은 모두 즐겁게 음식을 나누었다. 모한은
아들이 음식을 먹는 사이에 가끔씩 물을 마시는 걸
보고 화가 나서 아들의 등을 힘껏 때렸다.

　아들은 왜 아버지가 자기를 때리는지 이유를 알지
못했다.

　모한은 거의 배가 터질 정도가 되어서야 상인의
집을 나왔다. 집에 오자마자 아들은 아버지에게 따
지듯이 물었다.

　"아버지, 왜 아까 점심 먹을 때 제 등을 세게 때렸
어요? 얼마나 아팠다구요."

　"이 바보천치야. 네가 맹물을 마셔서 그랬다. 잔칫
집에서는 맛있는 음식을 먹어야지, 물은 왜 마신단
말이냐? 물배가 부르면 그 귀한 음식을 실컷 먹지
못하지 않느냐, 이놈아."

　"아버지, 물을 마시면 위장에 더 많은 공간이 생긴
다는 걸 모르세요?"

　아들이 아버지를 빤히 쳐다보며 대꾸했다. 그러자

아버지는 아들을 더욱 힘껏 후려쳤다.

"아니, 왜 또 때리는 거예요?"

아들이 볼멘소리로 대들었다.

"지금 내가 널 때린 건 그 중요한 얘길 미리 내게 해주지 않았기 때문이다. 그걸 알았다면 나도 물을 많이 마시고 그 맛난 음식을 더 많이 먹을 수 있었을 거 아니냐? 그게 너무도 아까워서 그런다."

바다는 메워도 사람의 욕심은 못 메운다.—한국 속담

배운 바보와 못 배운 바보

옛날 한 마을에 네 명의 친구가 살고 있었다. 어렸을 때부터 함께 자란 그들은 사이가 좋아서 거의 매일 만나 즐거운 시간을 보냈다. 그 중 세 명은 훌륭한 스승 밑에서 많이 배웠고 더 이상 배울 것이 없다고 여겼지만 삶의 지혜는 부족한 편이었다. 네 번째 친구는 공부에 관심이 없어서 겨우 글자를 익히는 데 그쳤지만 세상을 사는 지혜와 판단력은 다른 친구들보다 뛰어났다.

어느 날, 네 친구는 그동안 배운 것을 이용하여 돈을 벌자고 결의했다.

첫 번째 배운 친구가 제안했다.

"멀리 여행을 하면서 세상과 다른 나라 사람들이 사는 모습을 보는 것은 어떨까? 여행을 하면서 왕이나 유명한 사람들의 후원을 받게 되고 많은 돈을 모을 수 있을 거야."

세 친구는 그의 말에 동의했다.

첫 번째 배운 친구가 말을 이었다.

"우리 세 명은 많이 배웠으므로 여행 도중에 일어나는 모든 일들을 잘 해낼 수 있을 테지만 저 무식한 친구는 어쩐다? 아무것도 모르는 저 친구는 우리에게 늘 짐이 될 텐데."

두 번째 배운 친구가 말을 받았다.

"그냥 집에 있으라고 그러지 뭐. 그를 데리고 간다고 우리에게 뭐가 도움이 되겠어?"

그러나 세 번째 친구의 생각은 달랐다.

"친구를 그렇게 대우하는 건 옳지 않아. 그는 비록 많이 배우지 못했지만 어릴 때부터 우리의 친한 친구잖아. 그를 놔두고 우리끼리 간다는 건 말이 안돼. 마음을 넓게 먹고 데리고 가자."

그리하여 네 친구가 함께 길을 떠났다. 여행을 계속하던 친구들은 어느날 깊은 숲 속을 지나다가 동물의 뼈가 흩어져 있는 걸 보았다.

누군가 말했다.

"이제 우리가 배운 걸 시험해볼 기회가 온 거야. 이 뼈를 다시 붙여서 살려내보자."

첫 번째 배운 친구는 말했다.

"난 뼈를 모아 붙이는 방법을 알아."

두 번째 친구가 으스대며 말했다.

"난 가죽과 피와 살을 만드는 걸 배웠어."

세 번째 배운 친구가 말을 받았다.

"난 생명을 불어넣을 수 있는 능력이 있어."

첫 번째 배운 친구가 죽은 동물의 뼈를 모아 붙이자 두 번째 친구가 가죽과 피와 살을 만들어 붙였다. 이제 세 번째 친구가 생명을 불어넣을 차례였다. 그때 못 배운 친구가 소리를 지르며 끼여들었다.

"이봐! 친구들. 거기에 생명을 불어넣으면 절대로 안 돼! 이건 사자야. 사자처럼 무서운 동물을 살려내면 안 된단 말야! 사자는 곧 우리를 잡아먹을 거야."

"이 어리석은 친구야! 네가 뭘 안다는 거야. 배우지도 못한 주제에. 내가 사자를 살려낼 수 없다고 생각하는 거지? 난 할 수 있어, 그리고 할 거구."

세 번째 친구는 못 배운 친구를 향해 버럭 소리를 질렀다.

"그래? 그러면 잠깐만 기다려. 난 네가 사자를 살리기 전에 나무 위로 올라갈 거야."

못 배운 친구는 성급히 바로 옆에 서 있는 키 큰 나무 위로 올라갔다.

세 번째 친구는 배운 대로 사자에게 생명을 불어넣었다. 엄청나게 덩치가 큰 사자였다. 숨을 쉬며 되살아난 사자는 세 명의 친구들을 잠시 바라보더니 으르렁거리며 달려들었다. 배운 세 친구들은 모두 사자에게 물려죽었다. 혼자 살아남은 못 배운 친구는 사자가 정글 속으로 멀리 사라진 후에 나무에서 내려와 혼자 집으로 돌아갔다.

배운 바보는 못 배운 바보보다 훨씬 더 어리석다.
-몰리에르

문제는 행동이다

옛날 어느 나라에 란지트라는 왕이 살고 있었다. 그는 어려운 사람을 도와주는 너그럽고 훌륭한 왕으로 소문이 자자했다. 어느 날, 란지트는 신하들과 사냥을 나갔다가 멧돼지를 쫓아서 깊은 숲으로 들어가게 되었다. 왕의 빠른 속도를 따르지 못한 신하들이 허둥지둥 숲에 이르렀지만 이미 왕의 모습은 보이지 않았다.

숲으로 들어간 란지트 왕은 그만 길을 잃고 말았다. 길을 찾으려고 앞을 향해 천천히 나아가자 호수가 나타났다. 말에서 내린 란지트는 말에게 물을 먹인 후, 잠깐 쉬려고 호수 한 쪽에 앉았다. 자리를 잡고 주위를 둘러보니 호수로 내려가는 돌계단이 있고 그 계단의 맨 아래에는 슬픈 표정의 젊은이가 혼자 앉아 있었다. 젊은이는 너무 말라서 눈이 움푹 패고 광대뼈가 툭 불거진 가엾은 모습이었다.

왕은 그에게 다가가서 말을 걸었다.

"이봐요 젊은이, 여기서 뭘 하는 거요? 아주 슬퍼 보이는구만. 내가 도와줄 일이 없겠소?"

젊은이는 눈길을 들어 잔잔한 호수 위에 던지며 길게 한숨을 내쉬었다.

"제 슬픔을 왜 당신에게 전염시키겠어요? 제가 가진 슬픔을 아시면 아마도 당신은 웃으실걸요. 저를 도와주신다고 말씀하시니 혹시 당신은 어려운 사람을 보면 반드시 도와준다는 란지트 왕이라도 되시나요?"

"그렇소. 내가 바로 그 란지트 왕이오. 무슨 일인지 사정을 말하면 내가 힘껏 도와주겠소."

"당신이 정말 란지트 왕이시라면 사정을 말씀드리겠습니다. 저는 아지트라고 합니다. 서쪽에 있는 파

탄 왕국의 왕이 제 아버지랍니다."

젊은이는 천천히 말문을 열었다.

"저는 어렸을 때부터 종교에 관한 책을 많이 읽고 기도를 열심히 드렸습니다. 그러다 보니 왕궁의 화려한 생활이 마음에 들지 않았습니다. 그래서 어느 날 아무에게도 말하지 않고 몰래 왕궁을 나섰지요. 거룩하고 웅장한 사원들과 순례지를 직접 돌아보고 싶었던 겁니다.

여러 날을 여행한 후에 저는 바로 이 호수에 도착했지요. 지치고 목이 말랐던 저는 물을 마시고, 저기 있는 보리수 아래에서 한참을 쉬었습니다.

그때 물 속에서 연꽃이 피어났어요. 그건 정말 이 세상에서 가장 아름다운 연꽃이었지요. 연꽃은 갖가지 모양을 한 수천 개의 잎과 달콤한 향내를 지니고 있었습니다.

저는 이 계단으로 내려와서 연꽃을 꺾으려고 손을 내밀었어요. 그러나 제 손이 닿기도 전에 연꽃은 물 속으로 들어가버리더군요. 저는 욕심이 별로 없는 편이지만 그 연꽃만은 꼭 갖고 싶습니다. 그 꽃은 여드레 만에 한 번씩 모습을 드러냈지요. 그러나 제가 손을 내밀면 곧 사라져버렸습니다. 그렇게 많은 날이 흘러갔습니다. 지금도 저는 여기에 앉아서 그 연꽃이 나타나길 기다리고 있답니다."

젊은이는 말을 마치고 다시 잔잔한 호수를 그윽한 표정으로 바라보았다.

란지트 왕은 가여운 젊은이를 도와주기로 결심했다. 그는 젊은이 옆에 나란히 앉아서 연꽃이 나타나기를 기다리며 시간을 보냈다. 며칠 후 마침내 연꽃이 나타났고, 란지트 왕도 그 모습에 감탄했다. 정말 아름다운 연꽃이었지만 이내 사라져버렸다. 란지트 왕은 기도를 읊조리면서 꽃이 사라진 물 속으로 뛰어들었다.

왕은 호수 밑바닥으로 빨려들어갔다. 놀랍게도 물 밑에는 도시가 있고 그 한가운데에는 아름다운 왕궁이 자리잡고 있었다. 왕궁으로 들어간 란지트 왕은 비밀의 정원에 도착했다. 그곳에는 과일이 주렁주렁 달린 나무가 빽빽하게 들어찼고 아름다운 꽃들이 만발해 있었다. 모두 지상에서는 구경조차 할 수 없는 신기한 나무와 꽃들이었다.

정원 한 쪽에는 맑은 호수가 펼쳐져 있고 그 위에는 아름다운 연꽃이 수없이 떠 있었다. 왕이 꽃 한 송이를 꺾으려고 하자 갑자기 비명이 들렸다. 그 소리를 듣고 왕궁을 지키는 군인들이 칼을 들고 달려왔다. 용감한 란지트 왕은 그들을 모두 물리쳤다. 그러자 아름다운 여인이 모습을 드러내면서 란지트 왕에게 물었다.

"당신은 누구세요? 어떻게 이곳에 오셨는지요? 여기는 지상에 사는 사람들이 오는 곳이 아니랍니다."

여인의 질문을 받은 란지트 왕은 공손하게 대답했다.

"저는 바깥 세상의 왕인 란지트입니다. 어떤 사람의 부탁을 들어주기 위해 이렇게 여기에 들어왔습니다. 당신의 연꽃에 반한 한 젊은이가 호숫가 계단에 앉아서 세월을 보내고 있답니다. 먹지도 않고 잠도 자지 않고 그저 연꽃만 그리면서 살고 있지요. 부디 꽃 한 송이만 제게 선물하십시오. 그 젊은이에게 갖다주고 싶어서 그럽니다."

"그래요? 그렇다면 가지고 싶은 만큼 가지고 가세요. 당신처럼 친절하고 용감한 왕에게는 그에 마땅한 상을 드려야지요. 이 왕궁에 있는 모든 재산을 다 당신에게 드릴게요. 언제든지 오세요."

부드러운 목소리로 말을 마친 여인은 연꽃 열 송이를 꺾어서 란지트 왕에게 주었다. 고맙다는 인사를 마친 왕은 연꽃을 들고 물 밖으로 헤엄쳐 나왔다.

란지트 왕에게서 연꽃을 받은 젊은이는 몹시 기뻐했다. 왕은 젊은이에게 물 속에 있는 왕궁과 아름다운 정원에 대해 설명했다.

신기한 과일 나무와 연꽃을 한 아름 꺾어준 어여쁜 여인에 대한 이야기도 들려주었다. 그러자 왕의 이야기를 들은 젊은이는 갑자기 왕에게 질투를 느꼈다.

"당신이 물 속에 가서 아름다운 정원과 어여쁜 여인을 본 것은 다 제 덕분이에요. 제가 당신에게 연꽃에 대한 이야기를 해주었으니까요. 내가 아니었다면, 그 여인이 재산과 왕궁을 당신에게 주지도 않았을 겁니다."

왕자가 볼멘소리로 란지트 왕을 올려다보았다.

"젊은이, 나는 그 여인이나 그대에게 아무것도 바라지 않네."

란지트 왕은 조용한 목소리로 젊은이에게 말했다.

"내가 호수에 들어간 것은 그대가 연꽃을 갖고 싶어했기 때문이야. 내가 연꽃을 가져온 것도 그대를 위해서였지. 원한다면, 그대도 나처럼 호수에 들어가게나. 그대에게 필요한 것은 용기와 결단력 그리고 욕심 없는 마음이야. 용감한 사람에게 불가능은 없는 것이네."

말을 마친 란지트 왕은 젊은이를 호숫가에 남겨둔 채 말을 타고 길을 찾아 떠났다.

가시에 찔리지 않고 장미꽃을 모을 수는 없다.—필페이

전세는 어떻게 역전되는가?

　남부 지방에 한 옹기장이가 살았다. 그에게는 아들이 한 명 있었다. 그는 비록 부자는 아니었지만 아들을 가르치는 데 큰 공을 들였다. 맛있는 음식을 골라 먹이고 좋은 옷을 입혔으며 학교에도 보냈다. 아이는 자라서 청년이 되었고 어느덧 스스로 돈을 벌기 시작했다. 이제는 아들을 결혼시킬 차례였다.

　아들을 볼 때마다 옹기장이는 자랑스러워서 가슴이 벅찼다.

　'내 아들에게 최고의 결혼식을 베풀어주어야지.'

　옹기장이는 마음속으로 결혼 계획을 세웠다.

'최고의 악대를 부르고 식장을 가장 멋있게 꾸미고 최고의 음식을 만들어서 손님을 대접해야지. 결혼식이 끝나면 아들과 며느리가 시내를 행진하도록 할 거야. 걸어가거나 마차를 타는 것이 아니라 부유한 지주의 아들처럼 코끼리를 불러서 타고 가는 거야.'

옹기장이가 사는 마을에는 기름 장수가 살고 있었다. 그는 코끼리를 한 마리 가지고 있었는데 돈을 받고 사람들에게 빌려주었다. 옹기장이는 기름 장수를 찾아가서 코끼리를 하루 빌렸다. 결혼식이 끝난 날 밤에 도시를 가로지르며 거창한 결혼 행진이 벌어졌다. 아름다운 옷을 차려입은 신랑과 신부는 그날을 위해 특별하게 꾸민 코끼리에 올라타고 거리를 지나갔다. 남녀노소를 막론하고 수많은 사람들이 행복한 얼굴로 그 뒤를 따라갔다. 악대도 신나게 음악을 연주하며 행진을 벌였다.

그런데 그만 사고가 생겼다. 도중에 코끼리가 넘어져 죽어버린 것이었다. 옹기장이는 큰 충격을 받았다. 코끼리를 빌릴 당시만 해도 멀쩡했기 때문에 옹기장이는 '갑자기 무슨 일일까?' 잠을 이루지 못하고 밤새 끙끙거렸다.

다음날 그는 기름 장수를 찾아가 사과했다.

"미안합니다. 결혼 행진을 하던 도중에 코끼리가 갑자기 죽어버렸답니다. 그러나 걱정 마세요. 제가 코끼리 값을 전부 물어드릴 테니까요. 원하신다면, 다른 코끼리를 사드릴 수도 있구요. 어느 쪽을 원하시는지요?"

기름 장수는 싸움을 좋아하는 사람이었다. 그는 벌떡 일어나더니 큰소리를 질렀다.

"돈을 주거나 다른 코끼리를 사준다구요? 난 둘다 싫소. 죽은 내 코끼리를 돌려주시오. 반드시 그걸돌려줘요! 내가 당신에게 빌려준 코끼리를 돌려주지 않으면 고소할 것이오."

당연한 일이지만, 옹기장이는 죽은 코끼리를 돌려줄 수가 없었고 기름 장수는 결국 법에 호소했다.

재판이 열렸다. 판사는 기름 장수에게 사건의 전말을 물었다.

"무엇이 문제인지 말해보시오."

"재판관님, 정의를 내려주십시오."

기름 장수는 큰소리로 말했다.

"저 사람이 제 코끼리를 빌려가면서 다음날 돌려주겠다고 약속을 했습니다. 그러나 벌써 사흘이 지났지만 아무런 소식이 없답니다. 재판관님, 저 사람에게 제 코끼리를 돌려주라고 명령을 내려주십시오."

재판관이 옹기장이에게 물었다.

"왜 코끼리를 돌려주지 않습니까?"

"재판관님, 저 사람이 하는 말은 다 옳습니다. 다음날 돌려주겠다고 약속하고 코끼리를 빌린 것은 사실입니다. 그런데 신랑 신부를 싣고 행진하던 코끼리가 그만 도중에 쓰러져 죽었습니다. 어떻게 죽은 코끼리를 돌려줍니까? 그 불행한 일이 어찌 제 잘못이겠습니까? 저는 죽은 코끼리 값을 변상하거나 다른 코끼리를 사주겠노라고 제안했지만 기름 장수는 그걸 모두 거부합니다. 그가 원하는 것은 이미 죽어버린 자기 코끼리입니다."

옹기장이의 제안이 아주 타당하다고 생각한 재판

관은 기름 장수를 설득해보려고 노력했다. 그러나 고집 센 기름 장수는 그 제안을 즉시 거절했다.

"제가 원하는 건 제 코끼리입니다, 재판관님. 저 옹기장이는 하루 만에 코끼리를 돌려주겠다고 약속했습니다. 그 약속을 지키라고 판결해주세요, 재판관님."

재판관은 현명한 사람이었다. 그는 기름 장수와 논쟁하는 것이 아무 의미가 없다는 걸 깨달았다. 재판을 다음날로 연기하고 기름 장수를 보낸 재판관은 옹기장이를 따로 불렀다.

"나는 당신이 정직한 사람이고 또한 정당한 제안을 했다고 생각하오. 당신을 도울 테니까 내 말을 따르도록 하시오."

재판관은 옹기장이의 귀에 무엇인가 속삭였고 그 말을 들은 옹기장이의 얼굴에는 미소가 피어올랐다.

다음날 재판이 다시 열렸지만 옹기장이는 나타나지 않았다. 기름 장수는 펄펄 뛰면서 불평을 털어놓았다.

"거 보세요. 그자는 달아난 겁니다. 재판관님, 제

가 말씀드리지 않았던가요? 그자는 사기꾼이라구요."

안절부절 못하면서 얼마의 시간을 보낸 기름 장수가 재판관에게 말했다.

"재판관님, 제가 생각하기에 옹기장이는 집 안에 숨어 있을 겁니다. 여기 오기가 겁이 난 것이지요. 재판관께서 허락해주신다면 제가 가서 그를 데리고 오겠습니다."

재판관은 그 말을 받아들였고 그에게 관리들을 딸려보냈다.

옹기장이 집에 도착한 일행은 문을 두드렸지만 안에서는 아무런 대답이 없었다. 기름 장수는 주먹으로 대문을 두드리며 옹기장이의 이름을 고래고래 불렀지만 집 안은 새벽 바다처럼 고요했다.

"네가 숨을 수 있을 것 같아? 내가 누군데? 찾아내고 말 거야."

화가 치솟은 기름 장수는 고함을 치면서 있는 힘을 다해 대문을 밀어붙였다.

그는 문 뒤에 옹기가 산더미처럼 쌓여 있는 줄은

꿈에도 알지 못했다.

문이 억지로 밀리면서 문 뒤에 쌓아둔 옹기들이 깨져 바닥에 나뒹굴었다. 그 순간 옹기장이가 울면서 달려나왔다.

"아, 내 옹기들, 나의 아름다운 옹기들! 당신이 무슨 짓을 했는 줄 아시오? 내 조상들이 물려준 귀중한 그릇들이 다 깨져버린 거요. 지금 당장 재판관에게 가서 당신을 고소할 거요!"

재판관 앞에 나선 기름 장수는 깨진 옹기의 값을 물어주거나 아니면 다른 옹기들을 사주겠다고 제안했다. 그러나 옹기장이는 그 제안을 한마디로 거절했다.

"안 돼요! 제가 바라는 건 원래의 제 옹기들입니다. 조상들이 제게 물려준 옹기를 돌려주세요. 그건 우리 집안의 자랑이며 영광이었다구요. 돈이나 새 옹기를 가지고 뭘 하라는 겁니까? 저 사람이 제 옹기들을 부수었으니 원래의 옹기를 돌려주라고 판결해주세요, 현명하신 재판관님."

'이미 깨진 옹기를 어떻게 돌려준단 말인가?'

기름 장수는 곤란한 처지에 빠졌다는 것을 깨닫고 하는 수 없이 말했다.

"재판관님, 저 사람이 깨진 옹기를 돌려달라는 요구를 취소한다면 저도 제 코끼리를 돌려달라고 주장하지 않겠습니다."

옹기장이는 짐짓 그 제안을 받아들이지 않겠다는 태도를 보였지만 결국 못 이기는 척하면서 기름 장수의 제안을 받아들였다. 싸움 좋아하는 기름 장수는 그렇게 해서 두 가지를 잃었다. 코끼리를 잃었을 뿐 아니라 코끼리 값도 변상받지 못한 것이다. 물론 옹기장이도 많은 옹기를 버렸지만 그건 값이 얼마 되지 않았다. 그는 일주일도 되지 않아 깨진 수만큼의 옹기를 만들었다.

대부분의 경우, 사람들은 남에게 속는 것이 아니라 자기 자신에게 속는다. - 괴테

"왜요? 생쥐가 강철을 먹는 세상인걸요."

남부 지방에 라비라는 아주 부유한 상인이 살았다. 그러나 어쩐 일인지 그의 사업이 점차 기울더니 마침내 많은 빚을 지고 문을 닫는 처지가 되었다. 속이 상한 라비는 다른 나라를 여행하면서 기분을 바꾸어보기로 결심했다. 그는 가진 재산을 다 팔아서 빚을 청산하였다. 이제 그에게 남은 것이라곤 5백킬로그램 가량의 철빔이었다.

집을 떠나기 전 라비는 가장 친한 친구인 락시만에게 인사를 하러 갔다. 락시만은 사업에 실패해서 먼 길을 떠나는 친구를 보자 마음이 무거웠다.

"라비, 내가 뭐 도와줄 게 있는가?"

라비는 기다렸다는 듯이 대답했다.

"실은 무거운 철빔을 자네에게 맡기고 가려던 참이네. 내가 돌아올 때까지 그걸 보관해주겠지?"

"부탁할 게 겨우 그거야? 물론, 잘 보관했다가 자네가 돌아오는 즉시 돌려줌세."

라비는 철빔을 락시만에게 맡기고 멀리 외국으로 떠났다.

그리고 여러 해가 지났다. 라비는 여러 나라를 돌아다니며 무역을 하여 많은 돈을 모았다. 다시 부자가 된 그는 고향으로 돌아와 새 집을 장만하고 새로운 사업을 크게 벌였다.

얼마 후, 라비는 락시만을 찾아갔다. 락시만은 오랜만에 만나는 친구를 반갑게 맞았다. 그들은 라비의 여행과 새로운 사업 이야기로 즐거운 시간을 보냈다. 집으로 가려고 일어선 라비가 락시만에게 물었다.

"이제 내가 돌아왔으니 지난번에 맡긴 철빔을 돌려주겠나?"

락시만은 갑자기 걱정스런 표정을 지었다. 철빔을
팔면 적지 않은 돈이 생길 것이라는 사실을 아는 락
시만은 그걸 라비에게 돌려주고 싶지 않았던 것이
다.

"라비, 어떻게 말해야 할지 모르겠네. 안 좋은 일
이 일어났거든. 자네 철빔을 창고에 넣어두었는데
그만 쥐가 다 먹었지 뭔가? 정말 미안하이. 그렇게
좋은 철빔은 구하기가 쉽지 않을 텐데. 구할 수만 있
다면 내가 다른 철빔을 사주겠네만."

"뭐, 미안할 것까지 없네. 쥐가 철빔을 먹은 것이
니 자네 잘못은 아니잖은가? 그걸 보면 세상에 영원
한 것은 없는 모양이네. 락시만, 그 일은 그만 잊어
버리세."

라비는 말을 마치고 나가다가 다시 돌아섰다.

"그건 그렇고, 여행 중에 자네에게 줄 선물을 하나
샀는데……. 그래, 자네 아들 하르시가 나와 함께 우
리 집으로 가면 안 되겠나. 내가 그애 편에 선물을
보내지."

락시만은 친구가 도둑질을 한 자신을 믿는 것 같

아 오히려 마음이 무거웠다. 그러나 외국에서 사온 선물은 탐이 났다. 락시만은 아들 하르시를 불러 라비를 따라가라고 일렀다. 하르시를 데리고 집으로 돌아온 라비는 그를 다락에 가두고 문을 잠갔다. 밤이 되어도 하르시가 돌아오지 않자 락시만은 걱정이 되었다. 그는 라비의 집을 찾아가 아들 하르시가 어디에 있는지 물었다.

"어쩌나? 끔찍한 일이 생겼다네. 하르시와 함께 집으로 오는 도중에 매가 내려와서 그를 나꿔채갔지 뭔가. 워낙 순식간에 일어난 일이라 손을 쓸 수가 없었네."

라비의 설명을 들은 락시만은 소리를 질렀다.

"거짓말 마! 어떻게 새가 열다섯 살이나 되는 큰 아이를 나꿔채간단 말인가?"

락시만과 라비는 큰소리로 다투기 시작했고 곧 많은 사람이 몰려들어 싸움을 구경했다. 결국 두 사람은 법에 호소했고 법정에 섰다.

재판관 앞에 선 락시만은 눈물을 흘리며 애원했다.

"재판관님, 이 사람이 제 아들을 납치했습니다. 부디 제 아들을 돌려주라고 하세요."

재판관은 라비에게 그렇게 하라고 지시했다.

"재판관님, 제 눈앞에서 매가 아이를 채갔는데 저더러 어떻게 하라는 말씀입니까?"

"당신은 거짓말을 하고 있소! 어떻게 매가 큰 소년을 채간단 말이오?"

재판관은 라비를 꾸짖었다.

라비가 대답했다.

"쥐가 5백 킬로그램의 철빔을 먹을 수 있다면 매가 열다섯 살짜리 소년을 채가는 것도 가능하지 않겠습니까?"

판사는 철빔에 대해 물었고 라비는 모든 것을 털어놓았다. 라비의 말을 듣고는 법정에 있던 모든 사람들이 웃음을 터뜨렸다. 판사는 락시만에게 철빔을 돌려주라고 일렀고 라비에게는 락시만의 아들을 보내라고 명령했다. 라비는 철빔을 되돌려받았고 락시만은 무사히 집으로 돌아온 하르시를 껴안았다.

부당한 이득을 구하지 마라. 그것은 반드시 손해를
부른다.-헤시오도스

그래도, 우리는 친구

북부 지방의 한 마을에 카마르 싱과 아마르 싱이라는 두 친구가 살고 있었다. 아주 친한 사이였던 그들은 늘 사이좋게 붙어다녔다. 그러나 그 둘은 전혀 다른 사람이었다. 아마르 싱은 자기 이익을 추구하며 약고 교활한 반면에 카마르 싱은 지극히 단순한 사람이었다. 그래서 카마르 싱은 아마르 싱의 의견에 맹목적으로 따를 뿐, 그것이 자기에게 공평한지를 조금도 염두에 두지 않았다.

두 사람은 모두 살림이 넉넉치 않았다. 사실을 말하면, 가진 것이 거의 없는 처지였다. 어느 날, 아마르 싱이 아주 좋은 생각이 떠올랐다면서 카마르 싱을 찾아왔다.

"여보게 친구, 내 한 가지 제안이 있네. 아주 기막힌 생각인데 어때, 동의해줄 테지?"

"그럼. 내가 언제 자네 제안을 거절한 적이 있던가?"

"좋아. 그렇다면 말하지. 이제부터 우리가 가진 것을 50대 50으로 나누는 거네."

그 말을 들은 카마르 싱은 뛸 듯이 기뻐했다. 그는 아마르 싱의 손을 부여잡고 감격한 목소리로 말했다.

"아주 근사한데! 그러면 어느 것부터 시작할까?"

아마르 싱은 잠시 생각하는 표정을 지었다.

"글쎄, 아 그래. 그게 좋겠어. 내게는 암소가 있고, 자네에게는 따뜻한 담요와 사과나무가 있지. 우리, 이 세 가지를 50대 50으로 나누세."

카마르 싱은 기꺼이 그 제안에 찬성했다.

"좋지, 좋아. 그런데 그걸 어떻게 공유하지?"

"자네는 내가 좋아하는 친구이니 자네에게 우선권

을 주겠네. 자네가 암소의 앞부분을 가지게나. 암소의 뒷부분은 내가 가질 테니. 사과나무는 자네가 뿌리와 몸통을 가지고 내가 줄기와 가지를 가지는 게 좋겠네. 자, 담요는 어쩐다? 그래, 자네가 종일 담요를 가지게나. 나는 솔직히 그게 별로 필요가 없다네."

아마르 싱이 모든 것을 처리하자 카마르 싱은 즉시 항의했다.

"자네는 왜 담요를 쓰지 않겠다는 건가? 그건 공평하지가 않아."

"아 그런가? 자네가 그렇게 말한다면 자네가 낮에 담요를 가지고 나는 밤에 쓰도록 하지."

아마르 싱은 못이기는 척 동의했다. 모든 것이 결정된 후에 두 사람은 모두 만족한 표정이었다.

한 주일이 지나가고 두 주일이 흘렀다. 새로운 타결안이 실천에 옮겨지고 한 달이 지나자 뭔가 잘못되었다는 생각이 카마르 싱의 머리를 스치기 시작했다. 암소의 앞부분을 소유한 그는 이른 새벽부터 일어나서 소를 먹여야 했다. 하루 두 차례씩, 암소가

먹을 맑은 물을 우물에서 길어오는 것도 그의 일이
었다. 그러나 암소의 뒷부분은 아마르 싱 소유였고
그는 우유를 짜는 것이 임무였다. 그래서 아마르 싱
은 매일 아침, 신선하고 영양이 가득한 우유를 마셨
지만 카마르 싱은 겨우 멀건 홍차 한 잔으로 아침을
때웠다.

담요도 마찬가지였다. 담요는 종일 카마르 싱의
침대에 놓여 있지만 일어나서 하루 종일 일을 해야
하는 그는 그걸 쓸 시간이 없었다. 밤이 찾아오면,
아마르 싱이 담요를 걷어가 덮고 잤다. 그러는 동안
에 카마르 싱은 추운 몸을 녹이기 위해 벌레처럼 잔
뜩 구부리고 잠을 잤다.

카마르 싱은 사과나무에 달린 열매를 먹어보는 것
이 희망이었다. 그는 몇 달 동안 잡초를 뽑고 흙을
돋우고 필요할 때마다 거름을 주면서 나무를 돌보았
다. 과일이 열리고 나날이 익어가는 모습을 지켜보
는 게 그의 유일한 즐거움이었다. 그러나 첫 번째 사
과가 익자 아마르 싱이 손을 내밀어 따서는 자신의
입 안으로 밀어넣는 것이었다.

"나는?" 카마르 싱은 멀거니 친구를 바라보았다.

"이보게 친구, 기억하지 못하나? 나뭇가지는 내 것일세. 내가 어디서 사과를 땄지? 물론 가지일세. 그러니 가지에 달린 과일은 내 것이지."

아마르 싱은 침착하게 설명했다.

카마르 싱은 속이 상했지만 아무 말도 할 수가 없었다. 그는 말없이 걷기 시작했다. 한참 걷다 보니 어느새 마을 끝에 있는 숲이었다 그곳에서 카마르 싱은 성자를 만나게 되었다.

그는 카마르 싱을 보더니 물었다.

"아주 슬픈 얼굴인데 대체 무슨 일인가? 말해보게나. 혹 내가 도움이 될는지도 모르지 않나."

카마르 싱은 자초지종을 설명했다. 이야기를 들은 성자는 카마르 싱을 측은하게 여겼다.

"자네는 늘 바보 취급을 당했구먼. 왜 친구에게 그렇게 속임을 당하는 건가?"

"어떻게 해야 되지요?"

"내가 방법을 알려주지."

성자는 교활한 친구에게 어떻게 대처해야 하는지

일러주었다.

　카마르 싱은 환한 표정으로 집으로 돌아왔다. 카
마르 싱과 함께 저녁을 먹은 아마르 싱이 말했다.
　"이제 가서 자야겠으니 담요를 주게나."
　"그러지."
　카마르 싱은 담요를 집어서 물에 푹 담그었다가
아마르 싱에게 넘겨주었다.
　"아니, 이게 뭐야?"
　아마르 싱은 큰소리를 쳤다.
　"이게 무슨 뜻인가? 이보게, 왜 담요를 물에 적신
건가?"
　"자네 벌써 잊어버렸나? 낮 동안에는 담요가 내
것이 아니던가? 그러니 내 맘대로 해도 되는 것이
지."
　아마르 싱은 너무 놀라 벌린 입을 다물지 못했다.
　'카마르 싱에게 무슨 일이 생긴 걸까?'
　그러나 그는 아무 말도 하지 않았다. 그저 추운 밤
을 투덜거리며 움츠리고 지샜을 뿐이었다.

다음날 아침, 아마르 싱은 우유를 짜려고 서둘러 일어나 밖으로 나갔다.

카마르 싱이 벌써 암소에게 먹이를 주고 물을 먹인 후였다. 그러나 일을 끝낸 카마르 싱은 가지 않고 암소 주위에서 머뭇거렸다. 아마르 싱은 들통을 들이대고 암소의 우유를 짜기 시작했다. 들통에 우유가 반쯤 찼을 무렵, 카마르 싱이 암소의 코를 밀짚으로 간질였다. 깜짝 놀란 암소는 뒷발을 힘껏 찼고 우유를 담은 들통은 물론, 아마르 싱의 얼굴이 발굽에 정통으로 채였다.

아마르 싱은 화가 머리 끝까지 치밀어서 버럭 소리를 질렀다.

"내가 우유를 짜는데 왜 암소를 간질이는 거야? 그러면 소가 뒷발질을 하리란 걸 모른단 말야?"

"물론 알고 있지. 그러나 암소의 앞부분은 내 것이고 내 맘대로 할 수 있는 거잖아?"

카마르 싱은 차분한 소리로 대꾸했다. 아마르 싱은 아무 말도 할 수가 없었다. 그날 아침, 아마르 싱은 우유를 마시지 못했다. 기껏해야 작은 홍차 한 잔이 전부였다.

해가 중천에 오르자 아마르 싱은 사과나무가 있는 곳으로 가서 과일을 따기 시작했다. 그때 갑자기 카마르 싱이 도끼를 들고 나타났다. 아마르 싱은 놀라서 큰소리로 외쳤다.

"제발 나무를 자르지 말게나. 우리가 먹을 과일이 없어지지 않는가."

카마르 싱은 비웃으며 대답했다.

"자네, 우리가 한 약속을 잊은 모양이군. 나무 둥치는 내 것이야. 내가 나무를 잘라도 자넨 어쩔 수가 없는 거라구."

그제야 아마르 싱은 더 이상 친구를 속일 수가 없다는 걸 깨달았다.

"이보게, 약속을 다시 정하세. 자네가 원하는 걸 말하면 내가 그대로 따를 테니."

"그래? 그러면 이렇게 하지. 담요는 하루씩 교대로 사용하기로 하세. 그게 공평하겠지? 우리 둘이 암소를 함께 돌보고 우유는 공평하게 나누어 갖자고. 그러는 게 좋겠어. 사과나무도 우리가 교대로 돌보는 게 어떨까? 과일이 익으면 반반씩 나누기로 하고."

카마르 싱이 의견을 내놓았다.

아마르 싱은 카마르 싱의 제의에 순순히 동의했다. 그는 카마르 싱과 물건을 공평하게 나누게 되어 기뻤다. 두 사람은 다시 예전처럼 좋은 친구로 돌아갔다.

우리의 태만함에 대한 벌은 자신의 실패와 타인의 성공이다.－르나르

돼지는 왜 그렇게 더러운가

　히말라야 동쪽 끝자락에 있는 아삼 지방은 비가 많이 내리고 숲이 우거진 정글이다. 옛날 이곳에는 호랑이, 표범, 야생돼지, 물소, 사슴, 토끼 등 수많은 동물들이 나름대로 질서를 유지하며 평화롭게 지냈다. 다른 숲처럼 정글의 왕은 호랑이였고 모든 동물들이 그를 두려워했다.

　동물의 왕답게 호랑이는 배가 고플 때가 아니면 동물을 죽이지 않았다.

　그는 배를 채운 뒤 느릿느릿 숲을 거닐면서 흥얼거렸고 때로 살길이 바쁜 다른 동물을 바라보며 미소를 짓기도 했다.

어느 날, 호랑이가 물소를 잡아 배가 터지도록 포식했다. 식사를 끝낸 호랑이는 물을 마시려고 웅덩이를 찾았는데 마침 그때 살찐 들돼지 한 마리가 물을 먹으러 웅덩이 맞은 편에 도착했다. 돼지는 호랑이를 보자 움찔해서 숨을 죽인 채 가만히 서 있었다. 제발 호랑이가 자기를 그냥 지나쳐가기를 바라는 마음이 간절했다.

그러나 돼지의 바람과는 달리 호랑이는 살이 쪄서 아주 먹음직스러워 보이는 돼지를 흘끗 바라보았다. 호랑이는 입맛을 다시며 생각했다.

'흠! 저놈이야말로 정글의 왕에게 딱 맞는 음식이렷다! 잡기도 그다지 어렵지 않겠는걸. 웅덩이를 가로질러서 달려들기만 하면 될 것이야. 조만간 기회가 오겠지. 오늘은 배가 부르니 놀래키지 말고 그냥 순순히 보내주어야지. 그래야 다시 이곳에 나타날 것이 아닌가.'

호랑이는 짐짓 돼지를 못 본 것처럼 천천히 지나쳐갔다.

호랑이의 꼬리가 숲 속으로 완전히 사라지자 돼지는 긴 숨을 내쉬었다.

"휴!"

그러자 잔뜩 움츠렸던 용기와 자존심이 되살아났다. 그는 고개를 한 쪽으로 높이 빼들고 큰소리로 외쳤다.

"왜 호랑이가 그냥 사라졌을까? 나를 못 본 것일까? 아니야. 그는 내 모습을 보자마자 줄행랑을 친 거야! 호랑이는 이제 늙고 힘이 빠져서 나처럼 젊고 건장한 돼지와는 겨룰 수가 없게 된 거야."

돼지는 근육을 움직이며 더욱 목소리를 높여 외쳤다.

"이제 호랑이는 '정글의 왕'에서 물러날 때가 된 거야. 나처럼 젊은 돼지가 높은 곳에 올라갈 기회를 주어야 하는 거라구. 이제 정글의 왕이 되어야 할 동물은 나야. 다른 동물은 모두 내 부하가 되는 거야!"

수많은 부하를 둔다는 데 생각이 미치자 돼지는 웅덩이의 모서리에 서서 어깨를 으쓱이며 큰소리를 질렀다.

"야, 호랑이! 아직도 네 자신을 호랑이라고 부르는 가? 정말 그런가? 그런데 왜 비겁하게 도망치는 거 냐? 야 겁쟁이, 돌아와서 나와 한판 겨루자! 그러지 못한다면 나에게 정글의 왕국을 넘기라구!"

돼지에게는 다행스럽게도, 호랑이는 마침 배가 불렀고 아주 기분이 좋은 상태여서 돼지를 혼내주고 싶지 않았다. 호랑이는 몸을 돌려 한번 으르렁거리고는 대꾸했다.

"이봐 젊은 친구, 나와 싸우고 싶다면 기꺼이 상대해주겠네. 이틀 후 같은 장소, 같은 시간에 한판 붙어보자구. 어때, 괜찮은가?"

"좋지!"

돼지는 득의양양하게 소리를 쳤다.

"호랑이 씨! 이제 당신의 목숨은 이틀 남은 거야! 부디 남은 시간 잘 보내시기를."

마치 세상을 얻은 것처럼 자신감에 넘친 돼지는 숲의 친구들에게 달려갔다. 동물들은 돼지가 행복한 표정으로 돌아오자 놀란 표정을 지었다.

"이봐 친구. 무슨 일이 일어난 거야?"

동물들은 궁금해서 야단이었다.

"운 좋게 초록의 대나무싹이나 바나나를 찾아 먹은 거야? 아니면 뭐 좋은 거를 잡았어? 마치 세상의 꼭대기에 오른 모습인데, 그래."

돼지는 꼬리를 빙빙 돌렸다.

"너희들은 이제 나를 높이 대우하는 게 좋을 거야. 장차 이 정글의 왕이 될 몸이니까."

"뭐라구, 너 미쳤니?"

친구들은 코웃음을 쳤다.

"내가 장차 정글의 왕이 된다고 말했다. 오늘 내게 무슨 일이 일어났는 줄 알아? 웅덩이 부근에서 늙은 호랑이를 만났다 이거야. 내가 결투를 신청했지만 호랑이는 겁이 나서 한걸음에 도망치더라구. 이틀 후에 한판 붙기로 했지만, 그 늙은 건 이제 영원히 끝장난 거나 다름없어. 그 늙은이 호랑이를 한방 먹이고 내가 숲의 왕이 되는 거지……. 뭐가 잘못됐어?"

그 말을 들은 동물들의 눈은 왕방울처럼 불거졌다. 누군가 겨우 대답했다.

"뭐, 뭐라구? 네가 호랑이에게 결투를 신청했다
구? 너 미쳤구나, 완전히 미쳤어!"

다른 동물들도 모두 맞장구를 쳤다.

"그래 넌 돈 거야. 호랑이가 너를 그냥 보낸 건 분
명히 배가 불러서 그랬을 거야. 다음번에 널 만나면
목덜미를 움켜잡고 단번에 먹어치울 거라구. 봐라,
어떤 일이 생길지……."

모든 동물들이 걱정을 늘어놓자 그제야 돼지도 그
말이 옳다는 생각이 들었다. 거기에 생각이 미치자
몸이 부들부들 떨렸다.

"세상에!"

돼지는 울부짖기 시작했다.

"내가 도대체 무슨 짓을 한 걸까? 어서 이 숲에서
도망쳐야지! 다시는, 다시는 절대로 그 웅덩이에 가
지 않을 거야!"

"그렇게 하면 안 돼."

친구들은 단호한 소리로 말을 받았다.

"너를 웅덩이 근처에서 발견하지 못하면 호랑이는
분명히 돼지와 전쟁을 선포할 거야. 그가 돼지 사냥

에 나서면 한 마리씩 우리를 모두 잡아먹을 거야. 무모하게 호랑이에게 도전해서 무덤을 판 것은 너야! 그러니 그 결과도 네가 책임져!"

젊은 돼지는 좋은 해결책을 생각하려고 애를 썼다.

"이보게 친구들, 대책을 제시해줘. 내가 아주 어리석었다는 건 잘 알아. 그러나 이제 어쩌겠어. 도와줘. 너희들은 분명히 나를 도울 수 있을 거야, 안 그래?"

돼지는 애원했다.

"우리도 널 돕고 싶어. 그러나 뾰족한 생각이 나지 않는 걸 어떡해. 그래, 할아버지 돼지를 찾아가 의논하는 게 어때?"

문제를 일으킨 젊은 돼지는 재빨리 할아버지 돼지를 찾아가 사정을 설명하고 도움을 요청했다. 점심을 들던 할아버지 돼지는 젊은 돼지의 말을 듣자마자 크게 꾸짖었다.

"이, 멍청아! 호랑이에게 결투를 신청해? 호랑이가 있는 곳에 가지 말라고 내가 몇 번을 얘기하더냐? 언제나 젊은 것들은 말썽만 일으키지. 세상에 자기만큼 잘나고 힘센 자가 없는 줄 알거든. 왜, 가서 호랑이와 한판 싸우지 그래? 이 어리석은 놈아."

젊은 돼지는 할아버지 발 밑에 쓰러져 울었다.

"할아버지, 제발 어떻게든 도와주세요. 다음부턴 절대로 어리석은 짓을 하지 않을게요. 정말 약속해요."

우는 돼지를 보고 할아버지는 다소 누그러지는 표정이었다.

"알았어. 어디 좋은 방안을 생각해보자."

그는 푸념하듯이 내뱉었다.

할아버지 돼지는 머리를 숙이고 한동안 깊은 생각에 잠겼다. 그러더니 고개를 들고 젊은 돼지에게 일렀다.

"좋은 생각이 하나 떠올랐는데 어디 해보자꾸나. 네가 운이 있으면 호랑이가 너를 놔줄지도 모르지."

젊은 돼지는 너무 기뻐서 할아버지를 껴안고 바닥을 한 바퀴 돈 뒤 내려놓았다.

"자, 어서 말해주세요. 할아버지가 하라시는 대로

뭐든지 할게요."

할아버지 돼지는 목소리를 낮추고 젊은 돼지에게 속삭이듯 말했다.

"호랑이를 만나러 가기 전에 가능한 한 네 몸을 가장 더럽게 꾸미거라. 그 다음에 무슨 일이 일어나는지 두고보자."

젊은 돼지는 할아버지 돼지의 말에 환호성을 질렀다.

돼지는 호랑이와 싸우러 가기 전에 있는 대로 몸을 더럽혔다. 먼저 진창에 몸을 굴리고 그게 마르면 다시 진흙탕에서 뒹굴었다. 그러기를 여러 번. 호랑이와 결투를 벌이려고 웅덩이에 나타난 돼지는 더 이상 돼지의 모습이 아니었다. 그저 커다란 쓰레기덩어리처럼 보였다. 먼저 와 있던 호랑이는 맛있는 돼지가 나타나기를 목이 빠지게 기다렸지만 눈앞에 나타난 끔찍한 동물을 보고 한 발짝 뒤로 물러섰다.

"너, 너, 너는 누구냐? 너 같은 동물은 한 번도 본 적이 없어."

"전하, 접니다. 전하를 여기에서 만나기로 한 바로 그 젊은 돼지입니다."

호랑이는 한껏 몸을 낮춘 돼지를 보고 또 보고 코 끝을 심하게 찡그렸다.

'아, 맛있는 돼지고기 꿈은 사라졌다!'

호랑이는 그저 그 더러운 동물을 빨리 물리치고 싶은 생각뿐이었다.

"빨리 가거라!"

호랑이는 으르렁거렸다.

"너를 두 번 다시 보고 싶지 않다. 앞으로 다시 내 곁에 가까이 올 생각도 말거라."

젊은 돼지는 다리를 부들부들 떨면서 '걸음아 나 살려라' 재빠르게 도망쳤다. 그는 할아버지 돼지에게 진정으로 감사의 인사를 올렸다. 곧 숲 속에 사는 돼지들이 전부 모여 모임을 열었다. 그들은 가능하면 몸을 더럽혀서 호랑이가 잡아먹고 싶은 생각이 들지 않도록 노력하자고 결의했다.

그래서 오늘도 돼지는 더러운 우리에서 뒹굴고 있다.

말에는 채찍, 나귀에게는 자갈, 미련한 자의 등에는
막대기.-성서

행복이란?

　남부 지방에 두 딸을 둔 노부부가 살았다. 그들의 집은 초라한 초가였지만 주변에 코코넛 나무가 울창해서 아늑해 보였다. 나이가 찬 두 딸을 평범한 집에 시집 보낸 부부는 작은 오두막에서 딸의 행복을 빌면서 조용하게 살았다. 가난한 그들은 하루에 겨우 두 끼만 먹고 침대라고 할 수도 없는 볼품없고 딱딱한 곳에서 잠을 잤지만 농사를 지으며 행복한 나날을 보냈다.

　재산이 넉넉치 않은 집으로 시집간 맏딸은 가난하게 살았지만 둘째딸은 남편의 사업이 날로 번창해서

상당한 부자가 되었다. 그러나 그 사실을 모르는 친
정 아버지는 외진 곳에서 예전처럼 조촐하게 살아갔
다.

그들에게는 재산도 별 의미가 없었다. 봄이 오면
밭을 갈고 씨를 뿌렸고 가을에는 거두어들이는 것으
로 만족했다.

어느 날, 아내는 시집간 딸들이 어떻게 사는지 궁
금했다.

"벌써 일 년이 지났는데 아무도 친정에 오지를 않
네요. 우리도 딸네 집에 가보지 않았구요. 이번에 찾
아가서 개들이 잘 사는지 보고 오시는 게 어때요?"

아내의 말을 들은 남편은 그 말이 옳다고 생각했
다. 그도 시집간 딸들이 잘 사는지 눈으로 직접 살펴
보고 싶었다.

다음날 해가 뜨자마자 남편은 땡볕을 막기 위해
우산을 쓰고 집에서 딴 바나나 꾸러미를 들고 딸네
집을 향해 길을 나섰다. 먼저 걸어서 한나절 걸리는
가까운 마을에 사는 맏딸을 방문하였다. 노인은 점
심 때가 다 되어 맏딸네 집에 도착했다. 맏딸은 그들

처럼 초가집에서 가난하게 살고 있었다. 부엌도 없는 오두막집에 사는 딸은 추녀 끝에 있는 베란다에서 음식을 만들었다.

아버지가 도착했을 때 맏딸은 마침 불을 때서 밥을 짓는 중이었다. 뒤뜰에서 호박을 따던 딸이 친정아버지를 기쁘게 맞았다. 맏딸은 베란다에서 아버지와 마주 앉아 밥, 호박 카레, 매운 고추로 맛있게 점심을 먹었다. 식사 후에 아버지는 동네 어귀에 있는 연못에서 목욕을 하고는 돗자리를 바닥에 깔고 낮잠을 달게 즐겼다. 맏딸의 집은 자기 집처럼 안락하고 또 편안했다.

다음날 집으로 돌아온 남편에게 아내가 다그치듯 물었다.

"어떻게 살고 있습디까?"

"걱정마시오. 큰딸은 아주 잘 살고 있더구만. 걔가 복이 많은 모양이오. 그렇게 좋은 집에 시집간 걸 보면 말이지."

남편은 궁금해하는 아내에게 밤이 이슥하도록 딸의 집에서 보고 겪은 이야기를 해주었다. 아내도 맏딸의 소식을 듣고 안심했다.

며칠 후, 아내는 다시 둘째 딸이 궁금하다고 남편을 보냈다.

"이번에는 작은애가 어떻게 사는지 보고 오세요. 언니처럼 잘 사는지, 고생은 하지 않는지 모든 게 걱정이 돼요. 오늘 가보세요."

아버지는 다시 우산을 쓰고 집에서 딴 코코넛을 들고 둘째딸을 찾아갔다. 딸이 사는 크고 번듯해 보이는 마을에 들어선 것은 저녁 무렵이었다.

그는 사람들에게 사위의 이름을 대며 집을 알려달라고 부탁했다.

사람들이 알려준 작은딸의 집은 2층짜리 큰 집이었다.

"그럴 리가 없는데……."

아버지는 고개를 갸우뚱거리면서 문을 두드렸다. 그건 정말 작은딸의 집이었다. 딸은 한걸음에 달려나와서 아버지를 모시고 들어갔다. 그러나 딸이 권하는 대로 푹신한 방석이 깔린 의자에 앉은 아버지는 왠지 불편했다. 태어나서 한 번도 방석에 앉아본

적이 없는 아버지는 결국 방석을 땅에 내려놓아야
했다. 그러나 방석이 주는 불편함은 시작에 불과했
다.

곧 저녁 식사가 시작되었다. 땅바닥에 책상다리를
하고 앉아서 바나나 잎에 담긴 음식을 먹었다면 아
버지는 아주 행복했을 것이다. 그러나 음식은 식탁
위에 차려져 있었고 또 다른 의자가 아버지를 기다
렸다. 밥을 담는 바나나 잎은 보이지 않았고 흰 밥과
여러 음식이 담긴 스테인리스 그릇이 식탁 위에 가
득히 놓여져 있었다.

아버지는 멍했다. 그는 생선 한 토막을 집어서 밥
위에 올려놓고 소금을 뿌리고 풋고추를 청해서 간단
히 식사를 끝냈다. 딸은 자꾸 음식을 권했지만 하루
에 두 끼 이상 먹지 않는 아버지는 그걸로 충분했다.
그나마 먹은 음식은 너무 기름지고 양념이 진해서
소화가 잘 되지 않았다.

식사를 마친 아버지는 비틀거리며 의자에서 일어
났다. 딸은 아버지를 침실로 안내했다. 방 한가운데
침대가 놓여 있고 그 위에는 모기장이 쳐 있었다. 그

것을 처음 본 아버지는 모기장 위에서 자는 걸로 생각했다.

간신히 그 위로 기어올라간 아버지가 눕자마자 모기장은 털석 내려앉았고 그의 몸은 침대 밖으로 굴러 떨어졌다. 집이 무너지는 듯한 요란한 소리가 났다. 다치지는 않았지만 그 소리를 들은 온 가족이 방으로 달려왔다. 사정을 안 딸의 식구들은 웃음을 감추려고 애를 썼다. 침대에 누워서 밤새 뒤척이며 잠을 이루지 못한 아버지는 결국 바닥으로 내려와 잠을 청했다.

다음날 새벽, 아버지가 간밤의 아픈 기억에서 채깨어나기도 전에 작은딸은 이를 닦을 가루를 가지고 아버지가 묵는 방으로 왔다. 이제까지 나뭇가지를 꺾어 그 줄기로 이를 닦아온 아버지는 가루를 먹으라는 줄 알고 단번에 입 안에 털어넣었다. 입 안으로 들어간 가루 때문에 숨이 막힐 뻔한 아버지는 계속 기침을 했고 딸이 물 한 잔을 가지고 왔을 때에는 이미 사색이 되어 있었다.

그것으로 충분했다.

아버지는 더 이상 딸의 집에 머무는 게 위험하다
고 여겼다.

"저, 이만 갑니다."

그는 우산을 집어들고 딸네 식구들에게 하직 인사
를 한 후에 재빨리 집을 향해 떠났다. 집으로 돌아오
자 아내는 눈을 반짝이며 딸의 소식을 궁금해했다.

"걔는 어떻게 지내던가요? 물론 잘 있겠지요?"

남편은 이마에 난 땀을 닦으며 길게 한숨을 내쉬
었다.

"둘째애는 아무래도 큰 고생을 하는 것 같아. 깔고
앉을 돗자리도 없고 게다가 아침에는 이상한 가루를
먹더라구. 우욱, 그 끔찍한 맛이라니! 하루 종일 아
무것도 먹고 싶지 않더구만. 먹는 음식은 또 어떻구!
카레에는 기름이 둥둥 떠다니는데, 그걸 배가 터지
도록 먹으라고 야단이더라구."

"정말이에요?"

아내는 믿을 수 없다는 표정으로 남편의 얼굴을
응시했다. 남편이 고개를 끄떡이자 아내는 울음을
터뜨렸다.

"아이구, 불쌍한 내 딸!"

"여보, 그런데 그게 끝이 아니었어. 밤은 얼마나 더 끔찍했는 줄 알아. 잠을 자려면 이상한 침대에 올라가야 하는데 그게 만만치 않더라구. 원숭이나 제대로 할 수 있을걸. 그래도 내 다리가 부러지지 않은 것이 얼마나 다행인지……."

말을 마친 남편과 아내는 돗자리를 바닥에 깔고 그 위에 나란히 누웠다. 그러나 편안하게 바닥에 누워 잠을 자지 못하는 작은딸의 슬픈 처지를 생각하니 얼른 잠이 오지 않았다. 두 사람은 밤새 딸의 생각으로 뒤척거렸다.

행복의 원리는 간단하다. 불만에 속지 않으면 된다. 불만을 가지고 자신을 학대하지 않으면 인생은 즐겁다. - 러셀

4

아흔아홉의 비밀

옛날 남부 지방에 라자와 수자라는 두 친구가 나란히 옆집에 살고 있었다. 장사꾼 라자는 장사가 잘 되어 돈을 많이 버는 반면, 수자는 일용직 노동자였다. 부자인 라자는 언제나 돈을 낭비하지 않도록 주의했고 구두쇠처럼 절약하며 살았다. 돈을 아끼려고 매끼 반찬을 한 가지만 해서 먹었고 집에 사람을 초대하여 대접하는 일은 아예 없었다.

가난한 수자는 태평한 성격을 가진 사람이었다. 그는 일당으로 번 돈을 모두 써버리고 돈이 생기면 좋은 음식을 해먹고 좋은 옷을 사는 데 아낌없이 투

자했다. 종종 친구들을 저녁 식사에 초대하여 맛난 것을 만들어 대접했고 밤이면 구성지게 노래를 부르고 박수를 치며 행복한 시간을 보냈다.

라자의 아내 데비는 어떻게 수자의 가족이 마음대로 돈을 쓰고 걱정 없이 즐겁게 사는지 늘 궁금했다. 많은 돈을 가지고 있지만 자신들은 돈을 모으려고 애쓰고 때론 사고 싶은 것을 참아야 하는 데 비해 수자네는 늘 하고 싶은 걸 다 하며 살고 있기 때문이었다. 라자의 아내는 수자의 가정을 주의 깊게 지켜보면서 그들이 행복하게 사는 까닭을 알고 싶어했다. 그러나 아무리 살펴도 그 이유를 알 수가 없었다.

데비는 수자의 아내 차루와 두 집 사이에 늘어선 나무 울타리 너머로 이런저런 이야기를 나누다가 늘 궁금해하던 질문을 했다.

"어쩜 그렇게 돈을 잘 쓰고 행복하게 사는 거지요? 비결이 뭔가요?"

"글쎄요, 나는 잘 모르겠는데요."

차루는 적절한 대답을 하지 못해서 미안하다는 표정을 지었다.

"아마 제 남편도 그 이유를 모를걸요. 내 생각에는 오히려 당신 남편이 더 잘 알 것 같은데요. 라자 씨는 아주 똑똑하신 분이잖아요."

차루는 말을 덧붙이고 웃었다.

데비는 더욱 혼란스러웠다. 그녀는 남편 라자에게 수자네 가족이 행복한 까닭을 물었다. 수자의 아내가 말한 것처럼 남편 라자는 똑똑한 사람이었다. 아내의 말을 들은 라자는 빙그레 웃더니 부드러운 소리로 대답했다.

"우리 집안의 기둥인 당신에게 말해주리다. 그들이 걱정 없이 마음 내키는 대로 사는 건 가엾게도 아흔 아홉이라는 숫자의 마력을 한 번도 느껴보지 못했기 때문이라오. 그게 이유일 거요."

"아흔 아홉이라는 숫자의 마력을 한 번도 느껴보지 못했다구요? 그게 무슨 말이에요? 나는 하나도 모르겠어요."

아내는 동그란 눈을 굴리며 되물었다.

"당신은 내가 길게 설명해도 잘 모를 거요. 그래서 차라리 설명을 안 하는 게 좋겠소. 당신이 직접 겪어야만 알게 될 테니까."

라자는 이렇게 말하고는 입을 다물었다.

데비는 더 이상 말을 꺼내지 않았다. 남편은 말하기 싫다고 하면 절대로 말하지 않는, 말보다는 행동으로 보여주는 고집센 남자였다.

"때가 되면 당신도 저절로 알게 될 거요."

아내는 남편의 말에 수긍하고 그날이 오길 기다렸다.

며칠 후, 라자의 아내 데비는 옆집에 무슨 일이 생겼다는 걸 깨달았다.

수자와 그 아내가 좋지 않은 일을 당한 듯했다. 생선 튀기는 냄새도, 고기 굽는 냄새도 나지 않았다. 친구와 친척들은 여전히 수자의 집을 찾았지만 식사를 함께 하지는 않았다. 노랫소리도 들리지 않았고 박수 소리도 없었다. 게다가 수자와 아내는 하루 종일 코코넛 잎사귀로 깔개를 만들었으며, 저녁이 되면 수자가 그걸 시장에 팔러 갔다. 집으로 돌아와서도 수자와 아내는 밤에 잠도 자지 않고 다시 열심히 깔개를 만들었다.

"아주 이상한 일이네. 저 집에 무슨 일이 생긴 걸까? 부부가 하루 종일 일만 하다니……. 얼굴에는 걱정스러운 빛이 보이고 많은 돈이 필요한 모양이야."

옆집이 걱정된 데비는 라자에게 그 이야기를 꺼냈다.

"저 식구들은 왜 이제 펑펑 돈을 쓰지 못하는 걸까요? 왜 낮이나 밤이나 깔개를 만드느라고 야단이지요?"

남편은 간단하게 대꾸했다.

"내가 그 이유를 어찌 알겠소? 당신이 친구에게 직접 물어보구려."

데비는 차루에게 묻고 싶었지만 그럴 시간이 나지 않았다. 차루가 너무 바빴기 때문이었다. 전처럼 울타리 너머로 나와 수다를 떨 시간이 없을 정도로 하루가 바쁜 그녀였다.

더 이상 궁금함을 참을 수 없었던 데비는 결국 수자의 집을 찾아갔다.

수자의 아내 차루는 바쁘게 손을 놀리며 깔개를

만들고 있었다. 데비가 찾아온 것을 본 차루는 깔개를 내밀며 앉으라고 권하고는 하던 일을 계속했다.

동네 사람들과 친구에 관한 이야기를 나누던 데비는 며칠 동안 궁금하게 여겼던 문제를 조용하게 물었다.

"차루, 집에 무슨 일이 일어났어요? 혹시 남편의 일거리가 줄어든 건 아닌가요?"

"아니지요. 신의 은총으로 오히려 일거리는 더욱 많아졌어요."

차루의 대답에 데비는 더욱 궁금해졌다.

"그런데 왜 생활이 달라진 거예요? 왜 요즘은 고기와 생선 요리를 하지 않고 노래도 부르지 않는 거죠? 그리고 하루 종일 깔개나 만들고 있으니요. 얼굴에는 수심이 가득해 보이구요."

"다른 이유는 없어요. 그냥 우리는 이제 다르게 살기로 결정했을 뿐이지요. 그게 이유라면 이유예요."

차루의 말을 데비가 얼른 받았다.

"아니야, 무슨 다른 이유가 있는 거예요. 말하고 싶지 않다면 안 해도 괜찮지만. 난 그저 당신을 도와주고 싶어요. 매일 깔개를 만드는 걸 보니 돈이 필요한 것 같기도 하구요. 원한다면 내가 제 남편에게 돈을 빌려달라고 할 수 있거든요."

"아니오, 그게 아니에요."

차루는 재빨리 데비의 말을 잘랐다. 자존심이 상했다는 표정이었다.

"우리는 아무런 어려움이 없어요. 아주 좋다구요. 그래요. 무슨 일이 일어났는지 말할게요. 그러나 다른 사람에겐 절대로 말하지 않는다고 약속해줘요. 당신 남편한테도요. 내가 당신한테 말했다는 걸 알면 내 남편이 화를 낼지도 몰라요."

"네, 약속할게요. 내가 비밀을 잘 지키는 건 당신이 더 잘 알잖아요? 우물 속에 던져진 조약돌처럼 나에게 말한 비밀은 영원할 거예요."

데비의 다짐을 들은 차루는 천천히 입을 열었다.

"2주 전에 남편이 집으로 오는 길이었어요. 하루 일과를 마친 그의 주머니에는 일당 1.5루피가 들어 있었지요. 그런데 집 앞에 다다른 남편의 눈에 뭔가 보였어요. 계단에 떨어져 있는 작은 흰색 가방이었는데 집어보니 묵직하고 동전이 가득 든 것처럼 쟁 그랑거리는 소리가 났대요."

"세상에! 그런 일이 있었어요?"

차루의 말을 자르며 데비가 감탄사를 쏟았다.

"남편은 재빨리 집으로 들어와서는 곧장 침실로 가서 문을 걸어 잠갔어요. 나는 그때 부엌에 있었는데 침실 문이 닫히는 소리를 듣고는 침실로 가서 문을 두드렸지요. 문을 열어준 남편은 평소와 다른 자신의 행동을 설명했어요. 침대 위에는 가방에서 꺼낸 동전이 수북이 쌓여 있었지요."

"동전이 수북하게요?"

데비는 소리를 질렀다.

"그래, 얼마나 되었는데요?"

차루는 데비의 질문을 받아 대답했다.

"우리는 천천히 동전을 세어보았지요. 모두 99루피였어요."

"99루피? 아마도 100루피였겠지요?"

데비가 차루를 빤히 쳐다보았다.

"아니에요, 남편과 나는 천천히 신중하게 여러 번

헤아렸어요. 역시 동전은 99루피였어요."

"그랬군요!"

데비가 아쉽다는 듯 한숨을 내쉬었다.

"남편과 나는 돈이 100루피가 아니라 99루피라는 게 너무 아쉬웠어요. 남편은 그날 일당으로 받은 1.5 루피에서 1루피를 꺼내어 99루피에 보탰고 그래서 돈은 100루피가 되었지요. 다음날 나는 남은 0.5루 피로 생활비를 해결해야 했어요."

"저런!"

"다음날, 일터에서 돌아온 남편은 내게 말했지요. 100루피를 가지게 되었으니까 이제부터 절약해서 200루피를 만들자고요. 그러면서 남편은 일당 1.5루 피에서 1루피를 저금하고 내게 0.5루피만 주었어요. 그날 이후 남편은 매일 그렇게 했지요. 나는 겨우 0.5루피로 생활을 꾸려가야 했어요."

데비는 고개를 끄덕였다.

"아, 그런 이유였군요. 그래서 당신이 고기와 생선 을 요리하지 않게 된 것이군요. 이 집에서 즐거운 노 랫소리가 들리지 않은 이유도, 당신 얼굴에 왜 걱정이 가득했는지도 이제야 알겠어요. 낮이나 밤이나 깔개를 만들어서 파는 이유도 이해하겠고요. 아흔아홉의 숫자가 가진 마술이 이렇게 큰 변화를 불러온 거예요."

돈은 바닷물과 같다. 그것은 마실수록 목이 마르게 된다.-쇼펜하우어

우정을 확인하는 법

연못에 사는 거북과 그 옆 숲 속에 사는 여우는 아주 친한 사이였다. 어느 날 둘이 연못가에서 잡담을 나누고 있는데 갑자기 큰 표범이 나타났다. 여우는 재빨리 도망쳤지만 느린 거북은 도망가지 못하고 표범에게 붙잡히고 말았다.

표범은 잡은 거북을 나무 아래로 물고 갔다. 그러나 날카로운 발톱과 이빨로 아무리 애를 써도 딱딱한 거북의 등을 뚫을 수가 없었다. 나무 뒤에서 그 모습을 지켜보던 여우는 표범에게 다가가 정중하고도 아주 순진한 표정으로 말을 건넸다.

"제가 그 딱딱한 거북을 쉽게 먹는 법을 알고 있어요. 먼저 물에 집어넣으세요. 거북의 등이 물에 불어 금방 부드러워진답니다. 한번 해보세요."

"그래? 난 미처 그 생각을 하지 못했구나. 좋은 생각이야."

어리석은 표범은 거북을 연못에 던져넣었다. 그러자 거북은 기다렸다는 듯 이내 물 속으로 자취를 감추었다.

불행은 진정한 친구가 누구인지 알려준다. - 시세로

꼬리가 길면 잡히지

배고픈 늑대 한 마리가 먹이를 찾아 정글을 돌아다니고 있었다. 그러나 아무리 헤매도 먹을 것이 보이지 않았다. 지치고 배고픈 늑대는 먼길을 걸어서 가까운 마을로 내려갔다. 마을에 내려온다는 건 늑대에게는 아주 위험한 일이었다. 그러나 너무 배가 고팠기 때문에 늑대는 다른 생각을 할 여지가 없었다.

'어디 먹을 게 없을까? 그나저나 개나 사람들에게 발각되어선 안 되는데…….'

그때 갑자기 개 짖는 소리가 요란하게 들렸다.

"컹컹!"

개들이 곧 뒤쫓아올 것이라고 여긴 늑대는 앞을
향해 달리기 시작했다.

늑대를 발견한 개도 지지 않고 열심히 늑대를 따
라왔다. 잡히면 죽는 걸 아는 늑대는 죽어라 달렸지
만 개도 있는 힘을 다해 쫓아왔기 때문에 둘의 간격
은 점점 좁혀졌다. 마음이 급해진 늑대는 길 옆에 있
는 집 안으로 뛰어들어갔다. 그곳은 마침 염색공의
집이었다.

마당에는 푸른 물감이 담긴 큰 통이 놓여 있었는
데 전속력으로 달리던 늑대는 그만 실수로 그곳에
빠져버렸다. 마당까지 달려온 개는 물감통에 빠진
늑대를 찾지 못하고 그냥 돌아갔다. 물감통에 한참
을 숨어 있다가 나온 늑대는 자기 몸이 온통 푸른색
으로 염색된 것을 보고 기겁했다.

어떻게 해야 할지 막막했다. 이제 푸른색 동물이
된 늑대는 사람과 개의 눈에 띄지 않게 조심조심 정
글로 걸음을 옮겼다.

정글로 돌아온 늑대는 동물들이 모두 자기를 보고
두려워 도망친다는 걸 깨달았다. 사자도 호랑이도

그를 무서워했다. 당연했다. 단 한 번도 푸른 동물을 본 적이 없었던 것이다. 늑대는 그걸 이용할 방법을 궁리하기 시작했다.

마침내 늑대는 도망가는 동물들을 불렀다.

"이보게들, 왜 날 보고 도망가는 거야? 할 말이 있으니 모두 이리 와서 내 말을 들어보라구."

도망가던 동물들은 걸음을 멈추고 늑대를 돌아보았지만 무서워서 그 근처에는 가지 않았다.

"이리 와. 나는 너희들을 모두 내 친구로 여긴다구. 이제부터 내가 아주 중요한 발표를 하겠어."

동물들은 슬금슬금 늑대 곁으로 다가섰다. 호랑이와 코끼리는 물론 원숭이, 사슴도 늑대 주위에 빙 둘러섰다.

"나를 두려워하지 않아도 돼. 난 절대로 너희들을 해치지 않을 거라구. 난 신이 보낸 너희들의 지배자거든. 자, 이제부터 너희들은 모두 정글의 지배자인 내 보호를 받는 거야."

동물들은 모두 늑대에게 공손하게 절을 했다.

"전하, 이제부터 당신을 왕으로 모시겠습니다. 신

이 우리에게 당신을 보내셨다니 너무도 고마운 일입니다. 우리들이 어떻게 전하를 모셔야 할지 말해주십시오."

"우선 왕을 잘 받들어 모셔야 한다. 왕에게 걸맞는 맛있는 음식을 바치는 것도 빼놓아서는 안 돼."

푸른 늑대의 말에 동물들은 고개를 숙였다.

"당연하십니다. 전하를 편하게 모시기 위해서 최선을 다하겠습니다."

"너희들은 왕인 내게 충성을 다하고 난 너희들을 적으로부터 보호하는 역할을 맡을 것이다."

동물들은 모두 만족한 얼굴로 물러갔다. 그날부터 푸른 늑대는 동물들이 제공하는 갖가지 맛있는 음식과 온갖 보살핌을 받으며 편안하게 지냈다.

그는 진짜 왕처럼 살았다. 동물들은 매일 푸른 늑대를 찾아와서 문안 인사를 올리고 복잡한 문제를 상의했다. 늑대는 그들의 고민을 들어주고 해결책을 제시하였다. 동물들은 왕의 조언을 감사하게 여기고 그 말씀을 따랐다.

어느 날, 왕이 된 늑대가 자신을 찾아온 동물의 문

제를 해결해주고 있는데 어디선가 늑대들의 울음소리가 들렸다. 아주 오랜만에 들어보는 반가운 친구들의 울음소리였다. 늑대라는 사실을 감추고 홀로 외롭게 지내온 늑대는 자기 동족의 울음소리를 듣자 눈물이 핑 돌았다. 자신이 정글의 왕이라는 사실을 깜빡 잊은 푸른 늑대는 머리를 번쩍 들고 반갑게 그 소리에 응답했다.

그 바람에 그곳에 있던 동물들이 왕의 정체를 알아버렸다. 자신들을 속이고 왕으로 군림한 그가 힘이 별로 없는 늑대라는 사실을 알게 된 호랑이와 사자 등 힘센 동물들은 너무 화가 나서 그를 죽이려고 달려들었다. 그러나 다행히 푸른 늑대는 재빨리 도망을 쳤다.

그는 '걸음아 나 살려라'라고 외치면서 달리고 또 달려서 겨우 목숨만은 건졌다.

모든 사람을 잠시 속이거나 일부 어리석은 사람을 영원히 속일 수는 있지만 모든 사람을 영원히 속일 수는 없다.-링컨

춤추는 마왕

옛날 바스마수라라는 잘생긴 청년이 살고 있었다. 재를 뜻하는 '바스마'와 마귀를 의미하는 '아수라'가 합쳐진 이름처럼 그는 보통 사람들과 달리 특별한 능력을 가지고 있었다. 세상에서 가장 무서운 사람이 되고 싶었던 그는 숲으로 가서 신에게 특별한 능력을 달라고 기원하며 오랫동안 명상과 고행을 계속하였다. 비가 오나 눈이 오나 바람이 부나 한결같은 그의 정성에 감탄한 신은 원하는 것이 무엇인지를 물었다.

"저는 세상에서 가장 강하고 영원히 죽지 않는 사

람이 되고 싶습니다. 그리고 제가 만지는 것은 모두 재나 먼지로 변하게 해주세요."

신으로부터 신비한 힘을 받은 그는 숲에서 나오다가 호랑이와 마주쳤다. 시험삼아 호랑이의 머리를 만지자 놀랍게도, 호랑이는 곧 한줌의 재로 변했다.

"나는 세상에서 가장 강한 사람이야! 누구든 내게 덤비면 한줌의 재로 만들어버리겠어!"

바스마수라는 으스대며 가는 곳마다 손을 휘둘렀고 모든 것을 재로 만들어버렸다. 그가 지나간 마을은 통째로 사막으로 변하거나 먼지와 재만 남았다. 그의 주변에는 이제 단 한 사람의 친구도 없었다. 그를 보면 누구나 무서워서 멀리 도망갔다. 그 누구도 재가 되고 싶지 않았던 것이다. 바스마수라를 아끼고 돌보던 사람들도 하나 둘씩 모두 그를 떠났다. 그래도 바스마수라는 파괴의 손을 거두지 않았다.

바스마수라는 춤추는 것을 아주 좋아하고, 잘 추기도 했다. 그러던 어느 날, 화가 난 바스마수라는 자신에게 춤을 가르치던 선생의 머리를 만지는 실수를 저질렀고 선생은 곧 재가 되어 사라졌다. 좋아하는 춤을 가르치던 선생을 죽였다는 걸 깨달은 바스마수라는 그만 정신이 돌아 이리저리 거리를 돌아다니며 닥치는 대로 사람을 죽였다. 남녀노소를 가리지 않았고 도망가는 사람은 악착같이 쫓아가서 한줌의 먼지로 만들었다.

"이제 누가 나에게 춤을 가르쳐주지? 누구 없는가? 나에게 춤을 가르쳐줄 사람이 없냐구?"

그는 거리를 쏘다니며 소리를 질렀다. 그때 길가의 어떤 집 문이 열리며 아름다운 아가씨가 걸어나왔다. 사람들은 모두 그를 보고 도망치는데 그녀는 용감하게 바스마수라에게 다가갔다.

"제가 춤을 가르쳐드릴게요. 저는 춤을 잘 춘답니다."

여자는 상냥하게 웃으며 춤을 추기 시작했다. 바스마수라는 여자를 바라보았다. 자기를 보고 웃는 사람을 보는 건 참으로 오랜만이었다.

"이리 오세요. 저와 춤을 추어요."

여인이 춤을 추면서 바스마수라에게 손짓을 했다.

"여기서 말이오?"

바스마수라의 질문에 대꾸도 없이 여자는 우아하게 춤을 추었다. 바스마수라는 자기도 모르게 그녀에게 이끌려서 춤을 추기 시작했다.

　"저 음악이 들리지 않나요?"

　정말 어디선가 아름다운 음악이 들려왔다.

　"자, 조금 더 빨리 추세요."

　여자의 말을 따라 바스마수라는 더 빠르게 몸을 움직였다. 박자가 한층 빨라졌다. 그러나 여자의 몸동작은 그보다 더욱 빨라 보였다.

　"저를 따라서 춤을 추시겠어요? 제가 하는 대로, 제가 추는 그대로 따라하는 거지요. 마치 그림자처럼요."

　"물론이지. 하고말고. 난 뭐든지 할 수 있는 사람이라구."

　바스마수라는 여자에게 큰소리로 대꾸했다.

　여자는 더욱 빠르게 몸을 움직였다. 너무 빨라서 발이 땅에 닿을 새도 없었다. 그녀는 팔을 왼쪽, 오른쪽으로 움직였고 안으로 구부렸다가 앞으로 쭉 펴기도 했다. 잠시도 쉬지 않았고 한숨을 돌릴 틈도 없는 아주 빠른 동작이었다. 마치 여자의 존재는 사라지고 춤만 남은 듯 보였다. 바스마수라는 여자를 따라 계속 춤을 추었다. 여자가 팔을 펴면 같이 팔을 폈고 여자가 다리를 구부리면 자기도 다리를 구부렸다.

그때 갑자기 빠르게 춤을 추며 돌던 여자가 두 손을 머리에 얹었다. 바스마수라도 그녀를 따라 자기의 머리에 두 손을 얹었다.

자기가 무슨 행동을 하는지 깨닫지 못하고 두 손을 자신의 머리에 올린 것이다. 놀라서 소리를 지르기도 전에 바스마수라의 몸은 한줌의 재가 되어 춤을 추던 여자의 발 밑에 떨어졌다. 그렇게 세상에서 가장 강한 바스마수라는 영원히 사라지고 말았다.

군대가 강하면 곧 멸망하고, 나무가 단단하면 곧 부러진다.-노자

힘센 마귀에게 시켜볼까

북부 지방에 초두리라는 남자가 살았다. 그는 많은 가축과 엄청나게 넓은 땅을 가진 알부자였다. 그 넓은 땅에 농사를 짓고 많은 가축을 관리하기 위해서는 수많은 일꾼이 필요했다. 그래서 초두리는 백명이 넘는 많은 일꾼을 고용했는데, 그들을 먹이고 임금을 주는 데는 적지 않은 돈이 들었다. 그러나 구두쇠인 초두리는 언제나 그 비용이 아까워서 전전긍긍했다.

"왜 이렇게 돈이 많이 들어가는 거야."

그는 언제나 돈이 없다고 울상이었다.

초두리의 아내 메다는 정반대의 성격을 가진 여자였다. 메다는 참을성이 많고 지혜로웠으며 마음이 넓었다. 남편이 불평을 늘어놓을 때마다 메다는 남편을 달랬다.

"일꾼들은 우리를 위해 일년 내내 아침부터 저녁까지 열심히 일하는데 돈이 좀 든다고 그렇게 야단이에요? 우리는 돈이 많잖아요. 신이 우리에게 준 걸 기쁘게 여기면 안 되나요? 좀 너그러워지세요."

그러나 성격이 급하고 인색한 초두리에게 아내의 말은 그야말로 '쇠귀에 경 읽기'였다.

어느 날, 앉아서 돈을 계산하던 초두리가 한숨을 내쉬면서 다시 불평을 털어놓았다.

"여보, 이걸 좀 봐. 이렇게 많은 돈이 든다니까. 아니 일꾼들은 왜 이렇게 많이 먹는 거야? 벌어서 일꾼들 먹이는 데 돈을 다 쓰는구먼. 저들을 다 내쫓고 일꾼 한 명에게 모든 일을 다 시킬 수는 없을까?"

"당신 돌았어요? 어떻게 한 사람이 그 많은 일을 다 한단 말이에요? 마귀라면 또 모를까……"

아내는 남편을 돌아보며 눈을 흘겼다.

그 말을 들은 초두리는 자리에서 벌떡 일어났다.

'그래, 바로 그거야! 마귀 한 명은 수백 명 일꾼 몫을 해낼 수 있을 거야. 더구나 마귀는 먹이지 않아도 된단 말씀이야. 마귀에게는 먹을 걸 숲에서 직접 잡아먹으라고 하면 되지 않겠어!'

자신의 생각이 너무 기발하다고 여긴 그는 당장 사람들의 소원을 들어주는 성자를 찾아가 부탁하기로 결심했다.

'이제 내 골칫거리는 끝난 거야!'

초두리는 이틀을 걸어서 마침내 성자가 사는 숲 속 오두막에 도착했다.

성자는 책상다리를 하고 명상에 잠겨 있었다. 오랜 시간을 기다리자 명상을 마치고 눈을 뜬 성자가 초두리에게 물었다.

"무슨 일로 왔소?"

초두리는 고개를 숙여 공손하게 인사를 한 후에 슬픈 얼굴로 간간이 한숨을 섞어가며 찾아온 용건을 말했다.

"성자님, 저는 지금 너무도 큰 고통을 받고 있답니

다. 제 농장에서 일하는 수많은 일꾼들이 너무 많이 먹기 때문에 제 재산이 거덜날 지경이거든요. 머지 않아 저는 무일푼이 되고 말 겁니다. 일꾼들 대신에 그 많은 일을 혼자 할 수 있는 마귀 하나만 제게 주십시오. 제가 데리고 가서 하인으로 부리려고 그럽니다."

"그렇소?"

성자는 선선히 대답했다. 성자는 눈을 감은 채 옆에 있는 지팡이를 집어들고 뭔가를 중얼거리더니 땅에다 집어던졌다. 그 순간 지팡이가 떨어진 곳에서 연기가 뭉게뭉게 피어오르고 천둥 같은 요란한 소리가 들리더니 연기 속에서 푸른 빛을 띤 피부에 포플러처럼 키가 큰 무서운 마귀 하나가 나타났다. 그 모습이 하도 끔찍해서 초두리는 도망을 치고 싶었다. 그러나 돈을 생각하고 간신히 참았다.

나타난 마귀는 쩡쩡 울리는 소리로 성자에게 물었다.

"스승님, 왜 저를 부르셨습니까?"

"이 사람을 따라가서 잘 모시거라."

성자의 설명을 들은 마귀는 큰소리로 대꾸했다.

"저 사람이 제가 일하는 조건을 알고 있습니까? 저는 해가 뜰 때부터 해가 질 때까지 쉬지 않고 일을 해야 한다는 걸 저 사람한테 말해주십시오. 할 일이 없는 그 순간에 저는 저 사람을 잡아먹게 되니까요."

그 말을 들은 초두리는 한바탕 웃음을 터뜨렸다.

"하하, 우리 집에는 일이 너무 많아서 조금도 쉴 틈이 없을걸세. 자네는 우리 집에 가서 우유를 짜고 가축을 먹여야 하며 땅을 갈고 씨를 뿌려야 한다네. 어디 그뿐인가. 논밭의 잡초를 다 뽑고 물을 주며 새들이 곡식을 먹지 않도록 잘 지켜야 하지. 곡식이 다 익으면 그걸 거두어들여 시장에 내다 팔고 돈을 가져와야 하네. 그러고 나면 다시 또 땅을 파야 하고. 어때 할 만한가? 그만하면 자네에게 충분한 일거리가 될걸세."

"두고 봅시다."

마귀는 인상을 찌푸리며 초두리에게 물었다.

"자, 새 주인님. 지금은 무얼 할까요?"

"나를 집으로 데려가게나."

말이 끝나자마자 마귀는 초두리를 들어올려 한 쪽 귀에 꽂고는 하늘을 휙 날았다. 떨어질까 봐 두려운 초두리는 땅을 내려다보는 것이 무서워 두 눈을 감고 마귀의 귀를 꼭 붙잡았다. 갑자기 마귀는 공중에서 떨어지는 달걀처럼 땅으로 곤두박질치더니 초두리의 집 문간에 정확하게 내려섰다.

"여보, 이리 나와봐! 내가 뭘 데리고 왔는지 나와보라구!"

초두리는 집 안으로 달려 들어가며 아내를 불렀다. 너무 흥분해서 말이 잘 나오지 않았다.

"마귀가 왔어, 우리 일을 해줄 마귀를 데려왔다구! 아마 당신은 상상도 하지 못할걸. 마귀가 얼마나 힘이 센지 말이야. 내가 성자를 찾아가는 데 꼬박 이틀이 걸렸는데 글쎄 마귀는 날 이곳으로 데려오는 데 5분도 걸리지 않았지 뭐야! 당신도 놀랐지? 이제 우리의 골칫거리는 끝이 났다구."

놀란 메다가 입을 다물기도 전에 초두리는 일꾼을 전부 해고한 뒤 밭을 갈라고 마귀를 들판으로 내보냈다.

"여보!"

아내가 부르는 소리를 뒤로 하고 하품을 늘어지게
한 초두리는 낮잠을 자려고 누웠다. 그가 한참 단잠
을 즐기는데 누가 초두리의 어깨를 우악스럽게 움켜
잡았다.

"누구야? 날 깨우는 게."

성질을 내며 눈을 뜬 초두리를 마귀가 내려다보고
있었다.

"일어나세요, 주인님! 밭을 다 갈았으니 다른 일거
리를 주세요. 이제 뭘 할까요?"

초두리는 자기의 귀를 의심했다.

'그 많은 땅을 벌써 다 갈았단 말인가. 겨우 15분
만에?'

그는 밖으로 나가 지붕으로 올라가서 들판을 내다
보았다. 논밭은 깨끗하게 정리되어 있었다. 일을 다
끝낸 것이 분명했다.

"그렇다면 이제부터 거름을 퍼다가 논밭에 뿌리
게. 그런 다음에 거기에 씨를 뿌리고 물을 주는 거
야. 알았지?"

마귀는 다시 들판으로 나갔고 초두리는 다시 잠을 청했다. 그러나 그가 막 잠이 들었을 때 다시 마귀가 나타나 어깨를 흔들었다.

"주인님. 하라는 일은 다 마쳤습니다. 이제 뭘 하나요? 빨리 일을 시키세요."

초두리는 짜증이 났다.

"잠 좀 자게 날 그냥 내버려두면 안 되겠나? 좋아, 이제 내 땅에 울타리를 치는 거야. 지금부터 그걸 하게."

잠을 깬 초두리가 차 한 잔을 다 마시기도 전에 땀을 닦으며 마귀가 돌아왔다.

"울타리를 다 만들었습니다. 주인님, 어서 다른 일거리를 주세요."

초두리는 마을 길을 고치고 연못의 물을 빼내고 그곳을 깨끗한 강물로 다시 채우라는 지시를 내렸다. 과수원에 나무를 심으라고도 지시했다.

그러나 마귀는 모든 일을 마치고 어둠이 내릴 무렵에 집으로 돌아왔다.

"이제 무얼 할까요?"

초두리는 다소 걱정어린 표정으로 물었다.

"이제 좀 쉬지 그러나?"

마귀는 너털웃음을 웃으며 대답했다.

"저는 결코 쉬지 않습니다. 저는 일밖에 모르거든
요. 무엇을 할까요? 주인님, 어서 일을 주세요."

쩌렁쩌렁 울리는 마귀의 말을 들은 초두리는 시킬
일을 생각하느라고 골치가 지끈거렸다.

"짐승들이 곡식을 먹지 못하도록 밤새 논밭을 지
키도록 해."

마귀는 일을 하러 나갔지만 초두리는 밤새 한잠도
자지 못했다. 이제 더 이상 마귀에게 시킬 일이 없었
다. 뜬눈으로 밤을 새운 초두리는 마침내 아내에게
고민을 털어놓았다.

"여보, 이제 어떻게 해야 하지? 일을 주지 않으면
마귀가 날 잡아먹을 거야. 이제 일거리는 더 이상 없
어. 내일 새 집을 지으라고 시킬 테지만 그건 아마
반 시간 만에 끝낼 거야. 그 다음에는 대체 뭘 시켜
야 하지. 아, 돈이 많이 들어도 차라리 백 명의 일꾼
을 가진 게 행복한 건데……. 내가 너무 인색했어.

이제 어쩌지. 여보?"

아내는 초두리를 위로했다.

"걱정 마세요. 마귀가 오면 제게 보내세요. 제게
아주 오랫동안 할 일이 있으니까요. 당신은 이제라
도 가서 편안히 주무세요."

해가 뜨자마자 마귀가 집으로 돌아왔다.

"일을 시키세요, 빨리 일이요."

"주인이 주무시는 걸 모르는가?"

메다는 문을 열고 마귀를 꾸짖었다.

"그래요?"

마귀는 비웃으며 을러댔다.

"어서 일거리나 주세요. 일이 없다면 두 사람을 다
잡아먹을 거예요."

"그렇다면 주인이 일어날 때까지 내가 할 일을 한
가지 주지. 어때, 할 텐가?"

메다가 부드러운 목소리로 마귀에게 물었다.

"일이나 빨리 주세요!"

마귀가 퉁명스럽게 대꾸했다.

메다는 곱슬거리는 자신의 머리를 한줌 잘라서 마

귀에게 주고 그것을 반듯하게 펴라고 시켰다.

"이런 하찮은 일을 시키다니!"

마귀는 투덜거리며 땅바닥에 주저앉아서 머리칼을 펴기 시작했다. 그러나 머리카락은 두 손으로 눌러 반듯하게 펴도 손만 떼면 다시 원래의 곱슬머리로 돌아갔다. 마귀는 같은 일을 수차례 반복했지만 머리카락은 여전히 곱슬거렸다. 아무리 해도 일을 마치지 못하자 마귀는 부끄러운 생각이 들었다.

"아무래도 머리카락을 반듯하게 펴지 못하겠어. 어떻게 얼굴을 들고 다시 주인을 본단 말인가."

마귀는 말없이 숲으로 가버렸다.

마귀가 성자에게 돌아가자 초두리는 지혜로운 아내에게 고마움을 표시했다. 해고된 일꾼들이 다시 돌아왔고 집안과 들판은 예전처럼 활기가 넘쳤다. 초두리와 메다는 일꾼들에게 아낌없이 좋은 음식을 대접했고 일꾼들은 전보다 더 열심히 일했다. 그후 초두리는 일꾼들의 음식값이나 임금으로 들어가는 비용에 대해 결코 불평하지 않았고, 모든 사람이 다 행복하게 잘 살았다.

돈은 충실한 종이지만 동시에 아주 나쁜 주인이다.

−베이컨

화장터로 보내진 이발사

무굴 제국의 악바르 대황제 시대에 비르발이라는 유명한 재상이 있었다. 그는 뛰어난 유머 감각과 재치를 지녀서 황제는 물론 많은 사람들의 사랑을 받았다. 그의 현명한 의견을 듣기 위해 전국에서 수많은 사람들이 모여들었다. 비르발 재상은 무식하고 평범한 사람들의 방문도 따뜻하게 맞아 명쾌한 판단을 내려주었기 때문에 명망이 자자했다.

그러나 다른 대신들은 황제의 사랑을 독점하는 비르발을 몹시 질투했다. 비르발을 질투하면서도 그 앞에서는 칭찬을 늘어놓던 그들은 어느 날 비르발을 제거할 음모를 꾸몄다. 대신들은 황제와 아주 가까이에서 일하는 이발사를 설득하여 음모에 가담시켰다. 황제의 이발사는 많은 돈을 주겠다는 음모자들의 약속에 넘어가 비르발을 제거하는 데 앞장서기로 했다.

어느 날 오후, 황제의 머리를 깎던 이발사가 기회를 틈타 말문을 열었다.

"폐하, 저도 이제 늙었습니다. 저는 폐하의 아버지도 모셨습니다만, 지금도 기억이 생생하게 납니다. 그분은 아주 부드러운 머리칼을 가지셨지요. 마치 비단결을 만지는 기분이었답니다."

머리를 맡긴 황제는 별다른 생각 없이 대꾸했다.

"아마 그랬을 거야."

"정말 그랬답니다. 그런데 폐하, 제가 한 가지 말씀을 드려도 되겠습니까?"

"그럼, 그래도 되고말고. 그래, 하고픈 말이 무엇이더냐?"

"폐하, 지금 이 나라는 폐하의 은총 아래 전성기를 누리고 있습니다. 그러나 폐하께서는 조상들의 복지를 위해선 아무것도 하신 일이 없다고 생각됩니다."

이발사의 말을 들은 황제는 버럭 화를 냈다.

"그분들은 모두 죽어서 지금 천국에 있는데 내가 어찌 그분들의 생활을 알 것이며 복지에 신경쓸 수 있단 말이냐?"

"왜 알 수가 없겠습니까?"

이발사는 움직이던 손을 멈추고 황제를 보았다. 황제는 놀란 얼굴로 이발사에게 되물었다.

"어떻게 아버지의 소식을 안다는 말인가?"

"제가 이 문제를 해결할 수 있는 마술사를 한 명 알고 있습니다. 그 사람은 제게 천국에서 정보를 얻는 것이 그리 어렵지 않다고 말했습니다. 마술사는 사람을 천국에 보내서 폐하의 조상님들이 어떻게 지내시는지 알아오게 할 수 있다고 합니다."

그 말을 들은 황제는 즉시 이발사에게 일렀다.

"그렇다면 아버님의 소식을 알아올 수 있게 모든 준비를 하도록 지시하라."

사악한 이발사는 머리를 조아렸다.

"폐하, 천국에서 정보를 얻으려면 아무래도 가장

현명하고 능력을 갖춘 사람을 보내는 것이 좋을 듯합니다."

황제는 그 말에 수긍했다.

"그렇겠구만. 그래, 자네가 보기에 누가 좋겠는가? 어디 마땅한 사람이 있는가?"

"누군 누구겠습니까? 저 유명한 비르발 재상이 있지 않습니까?"

이발사는 재빨리 말을 받았다. 그러나 황제는 내키지 않는 표정이었다.

"왜 하필 비르발인가?"

이발사는 다시 머리를 조아렸다.

"폐하, 그 일의 적임자는 비르발 재상입니다. 천국에 가는 사람은 그 자리에서 결정을 내릴 수 있을 만큼 현명해야 하고 마술사와 만나고 그의 의견을 따를 수 있는 능력도 갖추어야 합니다. 그런 점에서 비르발이 제일 합당합니다."

황제는 그 말대로 비르발을 천국에 파견하기로 결정하고 이발사에게 절차를 물었다.

"그래, 이제 뭘 준비해야 하는가?"

이발사는 비르발을 화장터로 데려가는 행진을 한 후 화장을 시켜야 한다고 대답했다.

"화장더미에 불을 지피면 곧 마술사가 주문을 외울 것입니다. 비르발 재상을 불에 태우더라도 무사히 연기를 타고 천국으로 올라가게 하기 위해서죠."

"그거 아주 좋은 생각이구나. 어떻게 그런 생각을 다 했느냐?"

황제는 사악한 이발사를 칭찬했다.

황제의 지시를 받은 비르발은 천국에 가서 황제의 아버지를 만나겠다고 대답했다.

"그러나 폐하, 천국은 아주 먼 길이고 그래서 많은 돈이 필요합니다."

"필요한 만큼 얼마든지 가져가라."

"하지만 지금 당장 떠날 수는 없습니다. 거기 가서 돌아오지 못할 경우를 대비하여 가족을 위해 이런저런 준비를 해주어야 하니까요."

황제는 얼마나 시간을 주면 되겠느냐고 물었고 비르발은 한 달이 필요하다고 대답했다.

"비르발, 나는 아버지의 소식이 아주 궁금하다. 준

비가 끝나면 곧 떠나도록 하라."

악바르 황제는 명령을 내렸다.

황제를 만나고 돌아온 비르발은 믿을 만한 사람들을 모은 다음, 자기 집에서 화장터까지 땅굴을 팠다. 이발사의 음모를 깨달았기 때문이었다.

마침내 비르발이 천국으로 떠나는 날이 되자 전국에서 구경꾼들이 모여들었다. 비르발을 태운 행렬이 화장터를 향해 천천히 움직였다. 땅굴이 연결되는 장소에 화장더미를 만들도록 주문한 그는 천국에 가는 옷차림을 하고 기꺼이 화장더미에 올라갔다. 화장더미에 불이 붙여지고 마술사는 주문을 외우기 시작했다. 불이 타오르고 연기가 치솟자 비르발은 재빨리 땅굴로 연결되는 통로를 따라 집으로 돌아갔다.

그 자리에 참석한 대신들과 많은 사람들은 모두 비르발이 죽었다고 생각했다. 음모를 꾸민 사람들은 비르발을 제거한 것에 안도했고 그 사실을 기뻐했다. 그러나 그날 화장터에서 도망친 비르발은 집에서 몇 달 동안 조용히 지냈다. 그는 본래의 모습을 알아볼 수 없을 정도로 수염과 머리카락을 길게 길렀다.

그리고 어느 날, 그는 황제를 찾아갔다. 비르발을 본 황제는 반갑게 그를 맞았다.

"그래 잘 다녀왔느냐? 이게 얼마 만인가, 비르발? 여행은 어땠는가? 천국에서 내 아버지를 만나뵈었는가?"

비르발은 공손하게 인사를 드렸다.

"폐하, 덕분에 잘 다녀왔습니다. 그곳에서 폐하의 아버님인 후마윤 황제를 뵈었습니다만 그분은 아주 행복해 보였습니다. 천국에는 모든 시설이 다 갖추어져 있고 불편한 것은 하나도 없었습니다. 다만, 한 가지가 필요하다고 말씀하시더군요."

황제는 비르발을 재촉했다.

"그래? 그게 무엇이더냐? 이제 어떻게 천국에 가는지 알았으니 아버님이 원하시는 걸 보내드려야지."

비르발은 조용한 소리로 대답했다.

"단 한 가지, 이발사가 부족했습니다. 제 머리와

수염이 이렇게 긴 것도 그 때문입니다. 폐하의 아버님은 제게 솜씨 좋은 이발사를 한 명 보내달라고 하시더군요."

"그래? 그거 어려운 일도 아니구먼. 당장 이발사를 천국에 보내도록 하라."

황제의 명령이 떨어지고 황제의 이발사와 마술사가 불려왔다. 황제는 비르발에게 들은 이야기를 설명하고 이발사에게 당장 천국으로 떠나라고 명령했다. 이발사는 아무 말도 하지 못했다. 자기가 만든 올가미에 자기가 걸려든 것이었다. 화장더미에 올라앉은 이발사는 마술사가 주문을 외우는 가운데 불에 타 죽었다.

이발사가 죽은 후 다시는 그 누구도 비르발을 제거하려는 음모를 꾸미지 못했다.

남에게 진흙을 던지는 자는 이미 스스로에게 더러움을 던진 것과 다름없다.-토머스 풀러

진정으로 너그럽다는 것

　시비 왕은 아주 훌륭한 통치자였다. 그는 친절하고 마음도 넓었으며 그가 하는 일은 언제나 정의로웠다. 백성들을 자식처럼 사랑했고 동물들까지도 진심으로 아끼고 돌보았다. 그에게 도움을 청하러 온 사람은 누구도 빈손으로 돌아가는 법이 없었다. 약한 자를 보호했고 병든 자를 보살폈으며 누가 피난을 요청하면 최선을 다해 지켜주었다. 그의 명성은 널리 퍼졌고 신들까지 시비 왕의 인기를 질투할 정도였다.

　어느 날, 왕이 궁전에서 회의를 하는데 갑자기 비

둘기 한 마리가 날아왔다. 잔뜩 겁에 질려 도망을 치던 비둘기는 왕의 무릎으로 파고들었다.

"왕이시여, 저를 보호해주세요! 누가 저를 죽이려고 쫓아옵니다."

왕은 가여운 비둘기를 쓰다듬으며 말했다.

"걱정 마라. 나를 찾아온 자는 누구나 지켜줄 것이다."

그때 큰 매 한 마리가 날아들었다. 왕이 비둘기를 위로하는 말을 들은 매가 왕에게 항의하듯이 말했다.

"저건 내 먹이입니다. 합법적인 내 먹이를 보호하다니요? 얼마나 힘을 들여서 비둘기를 쫓아온지 아십니까? 나는 지금 배가 몹시 고픕니다. 내가 주린 배를 채우는 걸 막아서는 안 되지요. 아무리 왕이라도 내 것을 뺏어갈 권리는 없는 겁니다. 왕은 땅에서 일어나는 문제나 다루고 하늘을 나는 우리들의 문제에는 간섭하지 마세요. 어서 비둘기를 내놓으시지요. 배가 고파 죽을 지경입니다."

왕은 매를 달랬다.

"네가 배가 고프다면 내가 다른 고기를 주겠다. 사슴고기나 멧돼지고기는 어떠냐? 이 작은 비둘기보다 훨씬 나을 것이다."

왕의 제안에 매는 단호하게 대답했다.

"나는 멧돼지나 사슴고기를 먹지 않고 비둘기를 먹고 삽니다. 그게 자연의 이치랍니다. 내가 좋아하는 걸 먹는 게 당연하지요."

"그래도 네가 좋아하는 고기가 분명히 있을 것이다. 먹고 싶은 고기를 말하면 내 다 구해주겠다. 이 작은 비둘기만은 놔주렴. 그러자꾸나."

왕이 매에게 간청했다.

"왕께서 이 비둘기를 그렇게 사랑한다면 이 비둘기 무게만큼 왕의 살을 베어서 나에게 주시지요. 그러면 나도 비둘기를 기꺼이 포기하겠습니다."

"그래? 고맙구나. 그렇게 양보해주다니. 네가 말한 대로 내 살을 베어주마."

왕은 신하를 불러서 잘 드는 칼과 저울을 가져오라고 일렀다. 비둘기를 저울의 한 쪽에 올린 왕은 칼로 그 무게만큼 자기 살을 베어 담기 시작했다. 그걸 바라보는 왕비와 신하들은 마음이 아파서 눈물을 흘리며 울었다. 왕은 그들에게 울지 말라고 타이르고 침착하게 자기 살을 잘라서 저울에 담았다.

그런데 이상한 일이 일어났다. 왕이 팔과 다리의 살을 베어 저울에 달면 이상하게도 언제나 비둘기 쪽이 무게가 더 나가는 것이었다. 아무리 많은 살을 베어 담아도 저울은 다시 작은 체구의 비둘기 쪽으로 기울었다. 왕도 사람들도 놀랐다.

마침내 왕이 직접 저울에 올라앉자 그제야 저울은 비둘기의 무게와 균형을 이루었다. 왕은 약속대로 매에게 자기를 다 먹으라고 말했다.

"내 몸무게가 비둘기와 같으니 자, 나를 통째로 먹게나."

왕이 그렇게 말하는 순간 갑자기 비둘기와 매가 어디론가 사라졌다. 그 대신 전쟁의 신 인다라와 불의 신 아그니가 나타나 베어낸 왕의 살을 제자리에 붙여주었다.

"우리는 그대의 관대함을 시험해본 것이었소. 그대는 듣던 대로 정말 너그럽고 위대한 왕이 틀림없소. 당신의 명성은 세상이 다하는 날까지 영원히 기억될 것이오."

"감사합니다."

왕은 두 신에게 감사의 인사를 올렸고 시비 왕에게 축복을 내린 인디라와 아그니 신은 그들이 사는 천국을 향해 날아갔다.

한없는 친절은 가장 위대한 선물이다. 그리고 진정한 의미의 친절은 위대한 사람만이 베풀 수 있다.
—러스킨

"제 남편의 몽둥이질을 용서하세요."

중부 지방의 어느 마을에 하누만타 라오라는 브라
만이 아내와 살았다. 마을의 사제인 그는 겨우 하루
에 한 끼만 먹을 정도로 가난했지만 그럭저럭 생활
을 꾸려나갔다. 그건 그의 아내 부디마티 덕이었다.
아내는 부디마티(영리한 여자)라는 이름에 걸맞게 아
주 지혜로운 여자였다. 사실은 부디마티가 브라만인
남편보다 더 영리하고 판단력이 뛰어났다.

작은 마을의 사제로 수입이 신통치 않은 하누만타
라오는 먹을 것이 넉넉치 않았다. 그래도 그는 종종
사람들을 집으로 데려와서 음식을 대접하였으며, 길

에서 만나는 친구들이나 친척을 그냥 보내는 적이 없었다.

"자, 우리 집에 가서 식사나 하게."

그런 하누만타 라오의 선의를 이용하여 공짜로 한 끼 식사를 해결하려는 사람들도 적지 않았다.

그러나 고생은 부디마티의 몫이었다. 넉넉치 않은 처지에 갑자기 남편이 데려온 손님에게 먹을 걸 대접하느라고 부디마티는 굶는 경우가 허다했다. 때로 예상하지 못한 손님을 대접하느라고 아이들까지 배를 곯는 경우도 있었다. 굶는 아이들을 보는 부디마티의 가슴은 쓰라렸다.

부디마티는 남편에게 사정을 설명하고 그러지 말도록 여러 번 애원했지만 하누만타 라오는 그 버릇을 고치지 못하고 여전히 예고 없이 손님을 집으로 데려왔다.

어느 날 밤, 부디마티는 남편의 버릇을 해결할 방안을 궁리하느라 잠을 이루지 못하고 뒤척였다. 결국 좋은 생각이 머리를 스쳤고 부디마티는 회심의 미소를 지었다. 아침에 일어난 부디마티는 남편이 데리고 올 손님을 기쁜 마음으로 기다렸다. 아니나 다를까, 오전에 일을 하러 나갔다가 집으로 돌아오는 하누만타 라오 뒤로 낯선 사람이 따라왔다.

"여보, 아주 시장하니 빨리 점심을 차리구려. 오늘은 이 사람하고 같이 먹을 거요."

하누만타 라오가 데리고 온 손님을 소개했다.

"물론 그러셔야지요. 오전 내내 일을 하셨으니 시장한 것은 당연하구요. 잠시만 기다리세요. 식사 준비는 다 되었고 상을 차리기만 하면 되니까요. 그동안 시원하게 목욕이나 하고 오시겠어요?"

부디마티는 상냥하게 대답하였다. 하누만타 라오는 놀란 눈으로 아내를 돌아보며 생각했다.

'내가 원치 않는 손님을 데려왔는데도 바가지를 긁거나 인상을 쓰지 않다니, 참으로 이상한 일이네. 무슨 일이 있는 모양이야.'

하누만타 라오는 즐거운 표정의 아내를 보자 마음이 한결 편해졌다.

"잠깐 앉아 계세요. 곧 돌아올 겁니다."

그는 데리고 온 손님에게 돗자리를 펴주고 목욕을

하러 개울로 나갔다.

　손님은 방에 앉아서 하누만타 라오가 돌아오기를 기다렸다. 얼마 후 솥단지와 그릇을 세게 때리는 소리가 부엌에서 들리더니 부디마티가 빗자루를 들고 방으로 들어왔다.

　"잠깐 실례하겠어요."

　부디마티는 방 한 쪽 구석을 깨끗하게 쓸어내고 그 자리를 소똥으로 발라 제단을 꾸몄다. 그러고는 밖으로 나가 빨랫방망이와 비슷한 나무 몽둥이를 들고 와서 그 자리에 세워놓았다. 그 앞에 등잔불을 밝히고 꽃과 바나나와 쌀을 바친 부디마티는 두 손을 모으고 고개를 숙인 채 경건하게 기도를 외었다.

　찾아온 손님은 한 번도 그런 제사를 본 적이 없었기 때문에 몹시 놀랐다. 그는 부디마티가 정신이 나간 모양이라고 생각했다.

　"아주머니, 도대체 뭘 하시는 겁니까?"

　손님은 부디마티에게 묻지 않을 수가 없었다. 부디마티는 한 손을 내저으며 조용히 하라는 표정을 짓고는 기도와 제사를 계속했다. 마침내 몽둥이에게 제사를 다 올린 부디마티는 손님을 향해 돌아서며 무례함을 사과하였다.

"놀라셨지요? 번거롭게 해드려서 죄송합니다. 그러나 저는 남편이 손님을 집으로 데려올 때마다 나무 몽둥이에게 이렇게 제사를 드린답니다."

손님이 부디마티에게 물었다.

"왜요?"

그렇게 묻는 손님의 목소리가 다소 떨렸다.

"제가 나무 몽둥이에게 제사를 올리면 신들이 손님을 몽둥이로 때리는 제 남편을 용서할 것이라고 믿기 때문이지요."

손님은 자리에서 벌떡 일어섰다.

"남편이 손님을 때린다구요?"

그는 너무 놀라서 목이 막히는 모양이었다.

"주인인 하누만타 라오 씨가 나무 몽둥이로 손님을 때리는 습관이 있다는 거요? 그런 이야기요?"

"손님, 제 남편을 용서하세요."

부디마티는 마치 잘못을 비는 것처럼 두 손을 모았다.

"제 남편은 정신이 약간 이상하답니다. 아주 약간이요. 손님을 때리는 것도 해치려는 게 아니라 손님을 너무 아껴서 그러는 거랍니다……."

부디마티가 채 말을 끝내기도 전에 손님은 신발을 두 손에 든 채 그대로 줄행랑을 쳐버렸다.

"손님, 왜 그러세요."

미소를 띤 부디마티가 그 뒤에 대고 소리쳤다. 마침 목욕을 마치고 집으로 돌아오던 하누만타 라오는 '걸음아 나 살려라' 하고 내빼는 손님의 뒷모습을 보고 아내에게 물었다.

"무슨 일이 있었소? 저 사람이 왜 달아나는 거요? 여기서 나와 함께 점심을 먹기로 했는데 그냥 가버리다니. 거, 이상하구만."

"글쎄 저 손님이 이 몽둥이를 달라고 하길래 거절했더니 저러시네요. 아마도 화가 난 모양이에요. 그러나 이걸 저 사람에게 주면 더러운 빨래는 무엇으로 두드린단 말이에요?"

부디마티의 대답을 들은 하누만타 라오는 이마를 한 손으로 탁 때리며 아내를 나무랐다.

"이 어리석은 사람, 손님을 모욕하다니! 손님은 신이라는 걸 모르오? 당신은 언제나 철이 들려는지. 자, 몽둥이를 이리 주시오. 내 저 사람을 쫓아가서 이걸 주겠소."

몽둥이를 받은 하누만타 라오는 손님을 따라서 달려가며 큰소리로 외쳤다.

"이봐요, 잠깐만 기다려요! 제발 나를 기다려요! 내 말 좀 들어보라구요!"

있는 힘을 다해 도망가던 손님은 고개를 돌려 힐끗 뒤를 보았다. 몽둥이를 손에 든 하누만타 라오가 자기를 부르며 달려오는 모습이 보였다.

"아이구! 정말 나를 때리려고 하는구나."

손님은 잡히지 않으려고 더욱 속도를 내 달아났다.

결국 손님을 놓친 하누만타 라오는 몽둥이를 들고 집으로 돌아왔다.

"여보, 앞으로는 손님에게 섭섭하게 대하지 마시오."

그는 손님을 박대한 아내를 나무라고는 곧 그 일

을 잊어버린 채 차려놓은 점심을 맛있게 먹었다.

그러나 그날 브라만 집에서 도망을 친 사람은 결코 그 일을 잊지 못했다. 그는 동네방네 소문을 퍼뜨렸다.

"절대로 하누만타 라오의 집에 밥을 먹으러 가지 마세요. 그 사람은 손님에게 먹을 걸 주고는 나무 몽둥이로 한바탕 두들겨 패는 못된 버릇이 있답니다. 아시겠어요! 제가 봤다구요."

그 말을 들은 동네 사람들은 거리에서 만난 하누만타 라오가 식사에 초대해도 모두 거절했다. 그리하여 부디마티는 마침내 원치 않은 손님을 대접하지 않아도 되었다.

한 명의 훌륭한 아내는 백 명의 교장보다 낫다.-조지 허버트

브라만의 진주

옛날 북부 지방에 현명한 왕이 살고 있었다. 인자한 성품을 지닌 그는 왕국을 잘 다스렸고 백성들은 모두 안락하게 살았다.

어느 날, 한 브라만이 왕궁을 방문해서 왕에게 축복의 인사를 올렸다.

"고맙소, 그대의 소원은 무엇인가? 내가 기꺼이 소원을 들어주리라."

왕은 축복을 받고는 기뻐서 브라만에게 선물을 내리고 싶었다.

"전하, 저에게는 나이가 찬 딸이 하나 있습니다만

가난해서 아직 시집을 보내지 못했습니다. 제가 가진 재산이라곤 그저 지혜의 말씀뿐입니다. 제가 전하께 드리는 말씀을 진주라고 여기시고 한 구절마다 금화 1천 냥을 주시겠습니까? 그러면 제가 세 가지 중요한 말씀을 드리겠습니다."

"그러시오."

왕은 그 제안을 승낙했고 브라만에게 3천 냥의 금화를 지불했다. 브라만은 왕에게 진주처럼 아름다운 지혜의 말씀 세 구절을 전해주었고 왕은 그 말을 은 장식판에 새겨서 왕의 침실 벽에 높이 걸었다. 그날 밤, 왕은 잠자리에 들기 전에 브라만의 첫 번째 '진주'를 읽었다.

'왕은 언제나 경계를 늦추지 마십시오.'

그 말을 읽은 왕은 다시 일어나 옷을 갈아입고 민심을 살피기 위해 몰래 왕궁 밖으로 나갔다. 길을 따라 조금 걷다가 길가에서 울고 있는 나이 든 여인을 만났다.

"대체 무슨 일이오? 이 밤에 왜 우시는 거요?"

질문을 받은 여인은 몹시 슬픈 얼굴로 대답했다.

"너무 가슴이 아파서요. 일주일 안에 이 나라의 왕께서 독사에게 물려서 돌아가신답니다. 그렇게 훌륭하신 왕이 돌아가신다고 생각하니 눈물이 절로 나오는군요. 그런 좋은 왕을 다시 만나기는 어려울 텐데……."

왕은 깜짝 놀랐지만 여자를 달래고 별다른 말없이 왕궁으로 돌아왔다.

다음날 아침에 눈을 뜬 왕은 벽에 걸린 브라만의 두 번째 지혜의 말을 보게 되었다. 거기에는 '적을 존중하고 잘 대접하시오'라고 씌어 있었다. 왕은 브라만의 충고에 따라 자기를 죽일지도 모를 독사를 적으로 여기고 그를 존중하고 잘 대접하기로 결심했다. 그는 독사가 방문할 침실에 향수를 뿌리고 황금으로 만든 그릇에 신선한 과일과 우유, 꿀을 담아서 바닥에 놓았다. 왕의 침실로 이어지는 길에는 아름다운 꽃으로 장식했다.

7일째 되는 날 마침내 독사가 왕의 침실을 찾았다. 독사는 침실에 가득한 꽃과 과일을 보자 매우 기뻤다. 독사는 황금 그릇에 담긴 꿀과 우유를 맛있게

먹었다. 적을 존중할 줄 아는 사람을 죽여서는 안 된
다고 여긴 독사는 왕을 해치지 않고 슬그머니 침실
을 빠져나갔다. 그런 사실을 알 리 없는 왕은 편안하
게 잘 잤다.

그 무렵, 왕을 질시하는 한 대신이 왕을 제거할 음
모를 꾸미고 있었다.

왕을 제거한 뒤에 자신이 왕위에 오를 계획이었
다. 기회를 노리는 그에게 왕이 아프다는 소식이 전
해졌다. 대신은 왕을 치료하는 의사를 매수하여 왕
이 마실 탕약에 독을 타도록 시켰다. 왕이 된 뒤에
엄청난 상금을 내리겠다는 대신의 약속을 믿은 의사
는 왕의 탕약에 독을 섞었다.

의사가 가지고 온 탕약을 마시려고 자리에서 일어
난 왕의 눈에 브라만이 준 세 번째 지혜가 보였다.

'무슨 일을 하든지 먼저 생각하고 그 다음에 행동
하라.'

왕은 그 말을 곰곰이 씹어보았다. 약사발을 들고
생각에 빠진 왕을 지켜보던 의사는 왕이 무슨 낌새
를 채고 망설이는 것이라고 생각했다.

"전하, 저를 죽여주십시오."

제 발이 저리고 겁이 난 의사는 왕의 발 밑에 엎드려서 울며 잘못을 빌었다.

왕은 의사로부터 모든 사실을 들었다. 그는 음모를 꾸미고 자기를 죽이려 한 사악한 대신을 멀리 귀양보내고 잘못을 고백한 의사를 용서했다.

그러고 나서 왕은 자신에게 지혜의 말을 전해준 브라만을 왕궁으로 불러들였다.

"그대가 귀양간 대신의 자리를 맡아서 일해주시오."

현명한 브라만의 조언을 받으며 왕은 더욱 나라를 잘 다스렸고 왕국은 나날이 번성했다.

지혜란 구해야 할 것과 피해야 할 것에 대한 지식이다.─키케로

어떤 구두쇠의 우습고도 슬픈 종말

서부 지방에 아난드라는 소문난 구두쇠가 살았다. 돈을 너무 사랑한 그는 한번 들어온 돈은 절대 쓰는 법이 없었고, 돈이 된다면 무슨 일이든 마다하지 않는 인물이었다. 즉, 돈에 죽고 돈에 사는 사람이었다.

어느 날 망고를 먹고 싶은 아내가 말했다.

"여보, 망고 좀 사오세요."

"망고는 몸에 안 좋아."

구두쇠 남편은 별별 이유를 다 들이대며 망고를 사오지 않으려고 했다.

그러나 아난드의 아내도 고집이 만만치 않았다.

"당신이 망고를 사오지 않는다면 저는 죽어버릴 거예요."

구두쇠 아난드는 할 수 없이 시장으로 나갔다. 망고를 파는 과일 가게에 마지못해 들른 그는 주인에게 물었다.

"얼마요?"

"1개에 1루피라오."

가게 주인의 대답을 들은 구두쇠는 뛸 듯이 놀랐다.

"뭐라고요? 망고 하나에 1루피나 한다고요? 세상에! 너무 비싸구먼. 저, 여기보다 더 싼 곳은 없나요?"

주인은 고개를 내저으며 대꾸했다.

"글쎄요. 큰 시장으로 가보시지요."

큰 시장은 거기서 2킬로미터나 떨어진 곳에 있었다. 그래도 아난드는 걸음을 옮겼다. 과일 가게를 찾은 아난드는 먼저 가격을 물었다.

"망고 2개에 1루피라오."

여전히 값이 너무 비싸다고 여긴 아난드는 크게 웃으면서 물었다.

"더 싸게 살 수 있는 곳은 없나요?"

"그게 비싸다구요? 그렇다면 도매상이 있는 곳으로 가시구려. 이곳에서 8킬로미터 정도 떨어진 곳이라오."

아난드는 뜨거운 햇볕이 쏟아지는 길을 따라 터벅터벅 걸어 도매상에 도착했다. 그는 이마의 땀을 닦으면서 물었다.

"망고 한 개에 얼만가요?"

"4개에 1루피, 1개에 25파이사랍니다."

주인이 대답했다. 그래도 역시 값이 비싸다고 여긴 아난드는 다시 물었다.

"망고를 더 싸게 살 수 있는 곳은 어딘가요?"

"그렇다면 망고 과수원으로 가셔야지요. 망고는 지금이 한창이니까 그곳에서는 아마 아주 싸게 살 수 있을 거요."

아난드는 그곳에서 12킬로미터나 떨어진 망고 과수원을 향해 힘든 걸음을 뗐다. 날이 아주 무더웠다. 얼굴에서 등에서 땀이 비오듯이 흘러내렸다. 마침내, 어떤 사람이 가지에서 망고를 따는 모습이 지친 그의 눈에 들어왔다. 아난드는 반가운 마음으로 성급히 물었다.

"값이 얼마요?"

"1루피에 망고 10개를 드립니다. 1개에 10파이사인 셈이지요."

아난드는 그래도 비싸다는 생각이 들었다.

"그보다 더 싸게는 안 될까요? 난 아주 먼 곳에서 왔는데요."

남자는 아난드를 바라보더니 말을 이었다.

"그러세요? 그러면 아예 공짜로 망고를 얻는 방법을 알려드리지요. 나무에 직접 올라가서 50개의 망고를 따오시면 1개를 공짜로 드립니다. 어때요, 하시겠어요?"

"그러지요."

구두쇠 아난드는 먼 길을 걸어온 보람이 있다고 생각하니 뿌듯했다.

'돈을 내지 않고 공짜로 망고를 얻어 갈 수 있게

되었군.'

아난드는 나무에 올라가서 50개의 망고를 땄다. 그걸 가지고 나무에서 내려오던 아난드는 그만 실수로 미끄러져서 아래로 떨어졌다 다행히 큰 나뭇가지를 붙잡았고 거기에 매달린 아난드는 나무 아래에 있는 깊은 구덩이를 내려다보았다. 얼마나 오랫동안 그렇게 매달려 있어야 할지 알 수 없었다.

그때 코끼리를 탄 어떤 사람이 나무 밑을 지나갔다. 아난드는 큰소리로 그를 불렀다.

"여보세요, 저를 도와주세요. 도와주시면 사례금으로 100루피를 드리겠어요. 제 다리를 붙잡아서 코끼리 등에 내려주세요!"

그 말을 들은 남자는 코끼리를 나무 가까이에 데리고 왔다. 남자는 아난드의 다리를 두 손으로 붙잡아 끌어내리려고 했다. 그때 갑자기 코끼리가 걸음을 다른 곳으로 옮겼고 아난드를 구하던 남자는 나뭇가지를 붙잡은 아난드의 다리에 매달리게 되었다.

곧 낙타를 탄 남자가 나무 근처로 다가왔다. 아난드와 코끼리 주인은 도움을 요청했고 낙타를 탄 남

자는 '그러마' 대답하고 코끼리 주인의 다리를 붙잡
았다. 그러나 이번에도 낙타가 갑자기 걸음을 떼는
바람에 그 주인도 코끼리 주인의 다리를 붙잡은 채
허공에 매달리는 처지가 되고 말았다. 이제 세 사람
이 나뭇가지 하나에 몸을 의지한 형편이었다.

한참 후에 말을 탄 남자가 나무 밑을 지나갔다. 아
난드와 두 남자는 그에게 도와달라고 외쳤고 남자는
나무 밑에 나 있는 깊은 구덩이를 보며 자신이 그들
을 돕지 않으면 세 남자가 그곳에 떨어져 죽을 것이
라고 생각했다. 그는 말을 나무 가까이에 대고 낙타
주인의 다리를 잡았다.

그 순간 말이 놀라서 소리를 지르며 달아나버렸
다. 말의 주인도 세 번째 남자의 다리에 매달리는 처
지가 되었다.

자신들의 목숨이 맨 위 나뭇가지를 붙잡은 아난드
에게 달렸다는 사실을 잘 아는 말 주인은 아난드를
올려다보며 외쳤다.

"여보시오. 우리가 어떻게든 땅에 내릴 때까지 그
나뭇가지를 놓치지 말고 꼭 잡고 있으시오. 그렇게

해준다면 내가 나중에 당신에게 200루피를 감사의
표시로 드리겠소."

　그 말을 들은 구두쇠 아난드는 기뻤다. 아난드는
200루피를 받으면 자기 발목을 잡고 매달려 있는 코
끼리 주인에게 절반을 주겠다고 약속했다. '그래도
100루피가 남을 것이 아닌가. 게다가 망고는 공짜로
얻을 것이고.' 아난드는 그 생각을 하자 너무 행복했
다.

　그때 낙타 주인이 "200루피는 얼마나 큰 돈이지
요?"라고 물었다. 돈에 관한 이야기라면 늘 신이 나
는 아난드는 그걸 설명하려고 무심코 손을 펼쳤고
그 순간, 나무에서 떨어져 아래에 파놓은 깊은 구덩
이에 빠져 죽었다. 그것이 소문난 구두쇠의 슬픈 종
말이었다.

**인간이여! 그대는 미소와 눈물 사이를 왕복하는 시
계추이다.-바이런**

엮은이 이옥순은

숭실대학교 사학과를 졸업하고 인도 델리대학교에서 인도 근대사를 공부하여
석, 박사 학위를 받았다. 현재 대학에서 학생들을 가르치면서
인도의 전통적인 풍광과 인도인의 참모습이 살아 숨쉬는 글들을
꾸준히 발표하고 있다.

저서 《인도에는 카레가 없다》 《여성적인 동양이 남성적인 서양을 만났을 때》
《베란다가 있는 풍경》 《인도 여자에게 마침표는 없다》 등과
번역서 《인도 근대사》 《친밀한 적》이 있다.

인생은 어떻게 역전되는가?

첫판 1쇄 펴낸날 · 2000년 12월 15일

펴낸이 · 김혜경
편집주간 · 김학원
기획실 · 김수진 선완규 지평님 위원석
편집부 · 한예원 임미영 고연경
디자인 · 김진 이열매
영업부 · 이동흔 엄현진
제 작 · 김영회
관리부 · 권혁관 임옥회 윤혜원
인 쇄 · 백왕인쇄
제 본 · 문원제본

펴낸곳 · 도서출판 푸른숲
출판등록 · 1988년 9월 24일 제11-27호
주소 · 서울시 서대문구 충정로 3가 270번지
        푸른숲 빌딩 4층, 우편번호 120-013
전화 · (기획실)362-4457-8 (편집부)364-8666
        (영업부)364-7871-3
팩시밀리 · 364-7874

ⓒ 이옥순, 2000

ISBN 89-7184-300-4   03890